Matteo Andreone

Lezioni di comicità

Dino Audino
editore

© 2013 Dino Audino
srl unipersonale
via di Monte Brianzo, 91
00186 Roma
www.audinoeditore.it

Cura redazionale
Marta Casini

Stampa: Pomel sas – via Casilina Vecchia 147, Roma
Progetto grafico: Duccio Boscoli
Logo di copertina: Pablo Echaurren
Finito di stampare ottobre 2013

È vietata la riproduzione, anche parziale, di questo libro,
effettuata con qualsiasi mezzo compresa la fotocopia,
anche ad uso interno o didattico, non autorizzata dall'editore.

Indice

Prefazione p. 5

Introduzione in due atti 7
   Atto I: ma chi sono questi? 7
   Atto II: ma come gli vengono? 8

Primo passo: iniziazione al comico
Filosofia, pratica e metodo di insegnamento 11
   Punto primo: non prendersi troppo sul serio 11
   Comici si nasce o si diventa? 14
   Imparare a ridere, prima di imparare a far ridere 15
   Alcuni errori da evitare nel primo approccio al comico 18
   Sulle tecniche per allenare il senso dell'umorismo 22
   Approccio al metodo 24
   L'importanza del feedback 25
   Formazione teatrale e de-formazione comica 26

Secondo passo: riscaldamento comico
Allenare il pensiero umoristico creativo 28
   Forme e colori del comico 28
   Il comico deve essere schierato? 30
   L'osservazione creativa della realtà e la sua rigenerazione umoristica 31
   Allenamenti per l'osservazione e il riposizionamento umoristico 33
   Porsi un obiettivo preciso, stabilire un percorso lineare
   e creare un'interferenza 55
   L'assurdo ricollocato a logica parallela 56
   Palestra comica: esercizi da palcoscenico per allenare
   il pensiero umoristico 58
   Un'avvertenza: imparare ad agire prima di pensare 65

Terzo passo: abbecedario comico
Dal pensiero umoristico al linguaggio comico 67
   L'importanza del gruppo di lavoro 67
   Alla base del linguaggio comico: gli stratagemmi compulsivi 69
   Trasformare i propri difetti in risorse
   e le proprie caratteristiche in opportunità espressive 72
   Comico di maniera e comico naturale:
   resistere alla macchina per la gloria 74

Creazione dell'ambiente pre-umoristico in ambito teatrale	76
Palestra umoristica: alcuni stratagemmi	
per individuare e formare il proprio linguaggio comico	80

Quarto passo: laboratorio comico
Il linguaggio comico in azione   96
   L'umorismo spontaneo e quello preconfezionato   96
   Dall'improvvisazione umoristica alla costruzione comica   99
   Misurare e ampliare il proprio immaginario comico   101
   Mettere in azione il pensiero comico:
   sostituire, visualizzare, collegare, spiazzare   103
   L'idea umoristica: il contenuto   111
   L'espressione comica: la forma   112
   La comicità non verbale   118
   Regia e auto-regia comica   122
   Il pubblico   127
   Palestra umoristica: alcuni esercizi
   per mettere in azione il proprio linguaggio comico   135

Conclusione
Interpretare la comicità   144
   Due parole sul personaggio comico   144
   Il corpo trasforma la mente ma il pensiero trasforma l'azione   146

Appendice
**Interviste a Maurizio Lastrico, Lillo e Greg,
Antonio Rezza e Flavia Mastrella**   148
   Maurizio Lastrico   148
   Lillo e Greg   150
   Antonio Rezza e Flavia Mastrella   155

Bibliografia   158

Ringraziamenti   159

Come si usa questo libro

Questo libro è corredato da materiali consultabili sul sito **www.audinoeditore.it**. Il simbolo {☞} indicherà all'interno del testo i riferimenti ai materiali extra che troverete nella scheda del libro digitando il seguente url:

www.audinoeditore.it/libro/M/164/

Una volta entrati nella scheda del libro, sarà sufficiente cliccare sul Menù Materiali e accedere al link corrispondente al contenuto desiderato.

Prefazione
di Greg

Questo manuale parte da una domanda che si è posto l'Andreone; più che altro, per sua stessa ammissione, l'ha posta per anni a una nutrita schiera di comici. Il succo dell'interrogativo è se sia possibile stilare un manuale, un insieme di tecniche, per apprendere l'arte della comicità. Come riporta fedelmente l'Andreone in queste pagine, la risposta più tenera e indulgente è stata: «Non è possibile».
Non è affatto da trascurare, però, che se a porre la domanda è una persona che da anni sta studiando l'argomento per trarne un manuale, mal digerirà questo genere di risposte; anzi, è possibile che cerchi in ogni modo di confutare la negativa teoria, sostenendo diverse tesi per cui, con costanza, impegno e disciplina, si possano raggiungere risultati strabilianti. Ma la pertinacia è un brutto difetto.
Personalmente sono dell'idea che il DNA detti legge inopinabile in natura. Alla domanda: «Si può diventare campione di salto in alto?», secondo l'Andreone si dovrebbe rispondere: «Sì, con costanza, impegno e disciplina». Nella realtà dubito che un manuale che illustri le tecniche di allenamento, il regime alimentare e gli esempi di riferimento possa contribuire all'ascesa di atleti al podio olimpionico. C'è il DNA. Come la mettiamo con le fibre muscolari? Con la resistenza fisica? Con la lunghezza degli arti? Senza contare quei disgraziati che potrebbero avere serie anomalie fisiche?
La lettura di un ottimo manuale e una costante, impegnativa disciplina applicata potranno portare l'allievo a buoni traguardi, ma sempre ben lungi dall'atleta e ancor più dal fuoriclasse. Se applichiamo la legge del DNA alle arti, ché tra queste inserisco l'umorismo, la selezione si fa ancor più aspra e severa.
La domanda che mi pongo io (evitando di porla per anni a chicchessia) è: «Abbiamo realmente bisogno di comici improvvisati e umoristi della domenica?». Francamente e senza compassione rispondo «No». Ne abbiamo fin sopra i capelli, in televisione e sui palchi di scalcinati lo-

caletti. Una pletora ridicola, se non triste, di scialbi alfieri della battuta che portano solo nocumento al gusto. Altrimenti si alimenta l'assurda filosofia di chi dice: «Ma quanto è scemo quello! Allora lo posso fare anch'io!». No! No! No! È un gioco al massacro degradante. Lascio chi volesse approfondire questa dissertazione alla lettura del *Diario Minimo* di Eco, al paragrafo *Fenomenologia di Mike Bongiorno*, ovviamente dopo aver terminato il presente tomo.
In molti asseriscono che far ridere è molto più difficile che far piangere. Non è vero. Sono due stati emotivi facilmente perseguibili con la stessa, identica semplicità. Dipende tutto dal modo con cui riesci a conseguire lo scopo. Nella maggioranza dei casi uno scivolone sulla buccia di banana fa ridere; il bambino che muore di leucemia fa piangere. Fior di cinematografia spicciola ci ha campato per decenni. Al mondo non serve gente che perpetri queste banalità. Occorrono eroi. Si scriva un manuale su come diventarlo.
Detto questo, non voglio assolutamente negare l'utilità di un manuale. In una società in cui latita la figura del mentore, può esserc il giusto incipit per abbracciare le prime teorie; il giusto sprone che induca il neofita a contattare una scuola per mettere in pratica quella *costanza*, quell'*impegno* e quella *disciplina* a cui si è spesso accennato.
Ringrazio, dunque, dal profondo del cuore l'Andreone. In primis perché il suo impegno è volto a nobilitare un'arte che sempre più spesso è confusa con il cabaret del discount. Poi perché è importante per chi, come me, ama quest'arte, leggere e apprendere sempre più, confrontare, analizzare e porsi domande e dubbi. Infine perché (arrivati a questo punto posso dirlo) difficilmente si trova un pollo come l'Andreone disposto a sborsare quel che ha sborsato per una stupida prefazione.

Postfazione alla prefazione
di Matteo Andreone

Accidenti, non pensavo che il mio rifiuto a disegnare la copertina del suo manuale *Corso di salto in alto per persone senza DNA* potesse scatenare in Greg tanta acredine!
A questo punto voglio indietro quei 200.000 in lingotti d'oro stanziati per la sua prefazione.

Introduzione in due atti

ATTO I: MA CHI SONO QUESTI?
Questa guida pratica alle strategie comiche creative ed espressive rappresenta il frutto del nostro lavoro di ricercatori, formatori e docenti di teatro comico e di cabaret, presso l'Accademia Nazionale del Comico[1] nel corso degli ultimi dieci anni e ha l'obiettivo di offrire alla già ampia letteratura sul comico un contributo che riteniamo necessario per continuare nell'approfondimento di questo settore.
Il libro propone un metodo originale, che intende porsi come collegamento tra le più moderne teorie sul pensiero umoristico e la pratica del comico teatrale. Ogni passo è costituito da una prima parte di approfondimento, necessario a comprendere le basi teoriche del metodo utilizzato, e una seconda parte di esercitazioni pratiche, utili alla formazione di base dell'autore e dell'attore comico.
Per arrivare a creare tale metodo, io e Rino Cerritelli[2] (ideale co-autore di questo manuale) abbiamo visionato, "radiografato" e studiato, negli anni, un'enorme quantità di materiale fatto delle più diverse espressioni comiche (battute scritte e recitate, sketch, gag teatrali e cinematografiche, aforismi, personaggi e monologhi, situazioni teatrali e di vita vissuta), cercando di capire, per ognuna di esse, di quali elementi fosse composta e quale fosse il meccanismo base che la sorregge.
Trovati i diversi meccanismi, li abbiamo riconosciuti, denominati, catalogati e suddivisi in diverse tipologie, quindi abbiamo cercato di capire quale fosse la "forma mentis" utile a rigenerarli, creandone sempre diversi attraverso il medesimo procedimento.
Ci siamo infine concentrati sulla formazione, cercando di individuare i metodi migliori e le tecniche più efficaci per allenare prima l'attitudine

---

[1] Scuola di teatro comico e cabaret fondata a Torino nel 2001.
[2] Ricercatore e docente di umorismo, co-fondatore dell'Accademia Nazionale del Comico.

mentale dell'attore, quindi la sua capacità espressiva per creare sempre nuova comicità, attraverso la semplice applicazione di tali tecniche.

Il metodo, poi attuato sia presso l'Accademia del Comico sia nei numerosi corsi esterni tenuti per scuole di teatro, compagnie teatrali e università in tutta Europa, Stati Uniti e Cina, si è rivelato utilissimo per facilitare l'apprendimento e lo sviluppo dell'idea umoristica, dall'allenamento al pensiero creativo allo studio del meccanismo comico fino alla sua messa in pratica scenica.

Prova della sua validità sono i numerosi attori e autori comici da noi formati dal 2001, molti dei quali divenuti, negli ultimi anni, assai popolari in ambito letterario, teatrale e televisivo.

Il manuale che avete tra le mani propone un percorso formativo, teorico e pratico, basato proprio su questo metodo e può essere non solo uno strumento indispensabile se siete attori, autori o registi teatrali e volete completare la vostra formazione sul comico, ma anche un punto di riferimento se siete interessati al pensiero e al linguaggio comico per motivi puramente culturali, di studio, di applicazione in ambito sociale e professionale o di crescita personale, per lo sviluppo della vostra creatività e il miglioramento della vostra comunicazione.

ATTO II: MA COME GLI VENGONO?

Questa è la domanda che spesso ci poniamo assistendo alla performance di un attore comico: "Ma come gli vengono?".

A differenza di ciò che proviamo di fronte al virtuosismo di un pianista, al record di un campione sportivo, al numero di un acrobata o al capolavoro di un pittore, ciò che proviamo di fronte a un comico è però raramente ammirazione.

Dietro al virtuosismo, all'azione sportiva e all'opera d'arte, lo capiamo benissimo, esiste un lavoro di anni, fatto di concentrazione, studio, impegno, sacrificio, acquisizione perfetta di tecniche e allenamento continuo. Per questo motivo la nostra ammirazione verso la riuscita di qualcosa o per il conseguimento di un risultato che noi non saremmo forse mai in grado di raggiungere è incondizionata.

Il comico, invece, ci dà spesso l'impressione che ciò che dice o ciò che fa, in un modo o nell'altro, avremmo potuto farlo anche noi.

Quando ridiamo a una battuta è perché l'abbiamo capita, quindi non ci sentiamo molto diversi dal comico che l'ha proposta, e quella domanda, "Ma come gli vengono?", spesso nasconde la certezza che la stessa cosa avrebbe potuto venire in mente anche a noi.

Se invece ridiamo per una situazione proposta, per un piccolo incidente di percorso o per un particolare, un buffo modo di muoversi e

di comportarsi del comico sulla scena, lo facciamo perché la medesima situazione, lo stesso incidente, un uguale modo di muoversi lo abbiamo più volte sperimentato noi stessi oppure lo abbiamo visto nelle persone che ci circondano.
Cosa c'è di difficile allora nel far ridere gli altri? Possiamo, in fondo, farlo anche noi.
Naturalmente anche per un attore comico possiamo provare ammirazione, ma solo nei momenti in cui abdica al suo ruolo e si fa virtuoso, tragico, geniale.
Possiamo ammirare un comico per le sue grandi capacità di musicista, per le sue doti fisiche o vocali, per la sua abilità di trasformista o per la sua intensità nel rileggere testi poetici... ma non è per quello che ridiamo.
Eccolo, quindi, il nostro comico. Un'artista che dà il meglio di sé solo quando propone i peggiori difetti che gli sono propri e, ce ne rendiamo conto, sono propri a tutti noi.
E la tecnica con cui lo fa si cela dietro al difetto stesso, egli, per così dire, ci nasconde la propria abilità poiché, se la rivelasse troppo, potremmo anche ammirarlo... ma cesseremmo di ridere.
La sua arte sta tutta qui.
Il percorso per diventare comici non è affatto facile, perché prevede due fasi di lavoro su se stessi, ben distinte, una di formazione e l'altra di de-formazione, intervallate da fasi intermedie, che rendono il tutto un po' più complicato.
Nello stesso tempo, è la cosa più facile del mondo, poiché tutto ciò di cui abbiamo bisogno fa già parte del nostro corredo, della cassetta degli attrezzi di cui siamo naturalmente dotati: una qualche forma di intelligenza, una voce, un corpo e un volto.
Soprattutto ci appartengono già difetti, anomalie, piccoli fallimenti, incapacità, visione personale della realtà, unica, vera fonte di ispirazione del comico.
Questo libro non vi dirà "ecco, il comico è *questo*, e per diventare attori comici dovete fare e dire determinate cose in un preciso modo", poiché enormemente ampio e multiforme è il ventaglio di possibilità espressive che possono, a ben vedere, rientrare sotto l'ombrello del comico.
Il comico non è il monologhista di cabaret, l'inventore di macchiette, non è il creatore di personaggi o di parodie, la maschera, l'imitatore, l'interprete di commedie, non è neppure l'autore umoristico, il vignettista, il caricaturista, il poeta satirico e nemmeno il ballerino, il mimo, il cantastorie.
Queste cose non sono il comico, sono solo *i linguaggi* che spesso lo rappresentano e attraverso i quali esso (non sempre) si può esprimere.

Il comico è ben altro: è *il pensiero*, il punto di vista, il modo di essere, l'attenzione, lo sguardo e l'ascolto, è la sintonia emotiva e cognitiva che si crea tra chi si esprime e chi assiste. Parafrasando il Necchi, si può dire che il comico (come il genio) è «fantasia, intuizione, decisione e velocità d'esecuzione»[3] {☞ **Che cos'è il genio?**}.

Questo libro vi fornirà invece molti preziosi suggerimenti per creare, da soli, il vostro immaginario umoristico, con cui pensare, e per inventare un personaggio comico, attraverso cui esprimervi.

Insomma, il comico che potrete diventare non esiste ancora e, una volta formato, sarà unico, originale, diverso da tutti gli altri.

Nella prima parte parleremo del metodo, di come si possa imparare ad allenare il proprio senso dell'umorismo e a mettere in pratica la propria comunicazione comica.

Nella seconda parte imparerete che cos'è il pensiero umoristico e come potete scoprire e allenare il vostro. Nella terza scoprirete alcuni meccanismi comici, che vi saranno invece utili per formare il vostro linguaggio comico, nella scrittura, nel parlato e nell'utilizzo del non verbale.

Nella quarta parte, infine, proveremo a mettere in azione il nostro linguaggio, cercando di ampliare l'immaginario comico di cui siamo dotati e imparando a trasformare il pubblico in alleato per la creazione del nostro personaggio e del nostro repertorio.

Affrontate la lettura trattando il manuale per quello che è: una guida pratica, un ciclo di lezioni, un percorso per scoprire, prendere confidenza e sviluppare la vostra comicità naturale e per trasformarla in un linguaggio artistico espressivo.

Alla fine, sarete liberi di usare tutto questo come vorrete: potrà bastarvi il benessere che ne ricaverete, oppure potrete decidere di condividere la cosa con chi vi circonda, donando benessere agli altri; potrete salire su un palcoscenico e allietare un pubblico più o meno vasto, oppure decidere di dimostrare la vostra arte esclusivamente alle cene tra amici; potrete diventare gli attori comici più famosi del secolo, oppure decidere di usare il vostro umorismo per vivere e lavorare meglio.

Insomma, ciò che ne farete sarà affar vostro, per noi sarete comunque dei grandi comici.

Ecco, ora vi abbiamo detto tutto quello che era importante sapere prima di iniziare. Adesso, se siete pronti, iniziamo.

---

[3] Personaggio del film *Amici miei* (diretto da Mario Monicelli, 1975), interpretato dall'attore Duilio Del Prete.

Primo passo: iniziazione al comico

FILOSOFIA, PRATICA E METODO DI INSEGNAMENTO

PUNTO PRIMO: NON PRENDERSI TROPPO SUL SERIO

La vita è troppo importante... per essere presa seriamente.
Oscar Wilde

William Esper, attore e insegnante di recitazione statunitense, inizia la prima delle sue *Lezioni di recitazione*[1] con una significativa storia zen a proposito di un maestro, di un aspirante allievo e di una tazza vuota. Il maestro, mentre prepara il tè, ascolta per lungo tempo, in silenzio, le domande, le argomentazioni e le ambizioni dell'aspirante allievo. Poi, mentre versa il tè nella tazza, dice semplicemente qualcosa tipo: «Tu sei come una tazza già piena, come posso riempirti ulteriormente? Devi prima creare il vuoto dentro di te se vuoi che io possa riempirlo con nuove idee, nuovi concetti, nuovo sapere».

Insomma, questa storia ci insegna che per imparare qualcosa, qualsiasi cosa, dallo zen alla recitazione, occorre prima svuotarsi, liberarsi da condizionamenti, nozioni, prevenzioni. Insomma, fare tabula rasa di tutti i cliché che possono costituire inutili fardelli.

Noi vogliamo iniziare come Esper: proprio nei primi minuti, appena dopo aver fatto un giro di nomi e promosso uno scambio di battute (utili a riscaldare l'ambiente) e appena prima di procedere con la parte teorica, iniziamo la nostra prima lezione di comicità con una storia zen altrettanto significativa.

> Tre giovani monaci si recarono al dojo del maestro Shigaku, desiderosi di diventare suoi discepoli e di imparare la corretta pratica dello zen. Dopo numerosi giorni di cammino, i tre arrivarono e si presentarono al maestro con queste parole: «Venerabile Maestro, siamo giunti fino a qui per...». Ma non riuscirono a terminare poiché il patriarca li bloccò con un gesto della mano e, senz'altro aggiungere, volse lo sguardo verso il

---

[1] William Esper, Damon DiMarco, *Lezioni di recitazione*, Dino Audino Editore, Roma 2012.

muro di cinta che circondava il monastero, completamente ricoperto di erbacce. I tre monaci intuirono il messaggio del maestro e si misero subito all'opera, pronti ad affrontare la prova di umiltà che egli aveva loro imposto. Per tutto il pomeriggio ripulirono il muretto. Giunto il tramonto, il maestro disse loro che, prima di ritirarsi per la notte, sarebbe stato utile liberarsi dell'erba e delle radici tagliate. I tre lavorarono fino a tarda notte, quindi si coricarono stanchi. Il mattino dopo tornarono dal maestro: «Maestro», dissero, «abbiamo fatto quanto ci avete ordinato, ora...». Ma egli nuovamente li interruppe: «Ora il muretto è a posto, ma lo stesso non si può dire della scala». E, così dicendo, indicò l'antica scalinata che conduceva al tempio. Quindi, tornò nel silenzio della meditazione. I tre si diedero immediatamente da fare per pulire i 1200 gradini di pietra fino al tramonto, rendendoli lucidi come uno specchio. La cosa andò avanti così per molto tempo, settimana dopo settimana, stagione dopo stagione: terminata la scalinata fu il tempo della cucina, del bagno, dell'orto, della palestra, del cortile interno. Non appena un lavoro era finito, ce n'era da fare uno nuovo e il muro di cinta, ripulito solo qualche mese prima, era già nuovamente avvolto da erbacce. Ogni volta che i tre tentavano di parlare con il maestro egli subito li interrompeva e si limitava a indicare una qualche parte del monastero, dicendo loro che cosa andasse fatto. Poi tornava subito nella sua muta e perfetta meditazione. Un giorno, proprio mentre i tre monaci stavano tirando a lucido il salone centrale del monastero, il Maestro, sentendosi prossimo a lasciare le spoglie terrene per ritornare al ciclo eterno di morte e rinascita, li mandò a chiamare. I tre mollarono scope, stracci e spazzolone e corsero al suo capezzale. Il primo disse: «Maestro Shigaku, tempo fa ci presentammo qui al monastero per imparare la corretta pratica dello zen e voi ci assegnaste solo del gran lavoro, prima ci faceste ripulire il muro di cinta, poi lucidare i gradini del tempio, quindi lavare i pavimenti della palestra... e così via, ininterrottamente, fino a oggi». Il secondo continuò: «Noi abbiamo sempre eseguito tutti i lavori con grande abnegazione, convinti che fosse per il nostro bene». Il terzo concluse: «Vorremmo ora, o venerabile maestro, che ci rivelaste il significato di tutto questo gran da fare, per noi, che siamo arrivati qui per diventare vostri discepoli e raggiungere l'illuminazione». Il maestro Shigaku guardò allora i tre e, con le ultime forze rimaste, disse loro: «Discepoli? Pratica dello zen? Illuminazione? Ma... scusate, voi non siete quelli dell'impresa di pulizie?». Tutti si guardarono e scoppiarono in un'incontenibile risata. In quel momento esatto, il maestro morì e i tre monaci ebbero l'illuminazione!

Bene, cosa ha di particolare questa bella storia zen, oltre al fatto di essere stata inventata di sana pianta dall'autore di questo manuale? Ha che, a differenza di quella (naturalmente vera, nel senso di realmente appartenente alla tradizione zen) proposta da Esper, cui abbiamo fatto riferimento a inizio capitolo, questa è molto più utile per capire cos'è l'umorismo, che cosa il comico e in che modo possano essere appresi. Insomma, nella nostra storia si trovano alcune caratteristiche base del comico e il suggerimento di un modo utile per insegnarlo.

Innanzitutto abbiamo uno *stile del comico: la parodia*. Cioè il richiamo deformato, se non di uno stile letterario, almeno di un'idea generica di saggezza orientale, espressa attraverso un racconto che ha, come protagonisti, gli immancabili "allievo e maestro" e, come scenario, il ricorrente "monastero raggiungibile dopo giorni di cammino".

Abbiamo quindi due *meccanismi comici: l'esasperazione delle conseguenze* e *l'equivoco di persona*. Il primo è la trasformazione di un semplice equivoco tra il maestro e gli allievi in una situazione iperbolica, che si protrae per lungo tempo, addirittura per anni. Il secondo è l'equivoco stesso che nasce tra gli allievi, che sono lì per apprendere la corretta pratica dello zen, e il maestro, che invece li confonde per gli operai dell'impresa di pulizie.

Poi abbiamo un *principio comico: la realtà*, in base alla quale, leggendo la storia, in fase di *apertura* e quasi fino al termine del *racconto*, siamo portati a pensare che sia vera, non perché realmente (o verosimilmente) accaduta ma in quanto appartenente a una reale tradizione letteraria giapponese.

Abbiamo inoltre due *tecniche comiche: lo spiazzamento*, attraverso cui induciamo il lettore a seguire una linea logico-narrativa e a prevedere una conseguenza (l'idea che il lavoro manuale sia in realtà una forma di insegnamento) che poi viene disattesa, e uno *slittamento verso il basso*, in cui la nostra coscienza passa da una dimensione di grandezza (la saggezza dell'insegnamento) a una di bassezza (il semplice utilitarismo pratico di un'impresa di pulizie).

Infine abbiamo un *suggerimento metodologico per l'insegnamento del comico*, secondo cui ciò che cerchiamo (la corretta pratica dello zen come le tecniche e i segreti del far ridere) può esserci rivelato nei modi più vari e inaspettati ma, sempre, la cosa passa attraverso il distacco auto-ironico.

Imparare a far ridere la gente è un'operazione che, nelle sue prime fasi, non può essere compiuta in uno stato *telico*, cioè mirato al raggiungimento di un fine (che nel nostro caso è proprio quello di far ridere). Il giusto atteggiamento, specialmente all'inizio, quando muoviamo i primi passi, deve essere necessariamente *paratelico*, cioè fine a se stesso.

Cercate quindi di non pensare al fine ultimo, mentre compiete il percorso: divertitevi non solo a risolvere incongruenze ma anche a crearle, a spiazzarvi da soli, a non temere i vostri difetti, a osservare le cose e a trasformarle. Il vostro unico obiettivo deve essere quello di mettervi alla prova. Anzi, di divertirvi a mettere alla prova voi stessi. E non prendetevi troppo sul serio.

Insomma, ci vuole tanto lavoro, per ottenere l'illuminazione come per diventare buoni comici, ma sovente non è il lavoro che ci aspettiamo di fare. L'illuminazione, per i nostri tre monaci-operai, è arrivata di colpo dopo aver compreso, in un attimo, cinque cose fondamentali:

- di aver lavorato per anni convinti di seguire la strada giusta;
- che tutto il lavoro svolto non era per raggiungere il Satori[2];
- che però non avrebbero raggiunto l'illuminazione senza quel lavoro;
- che comunque tutto ciò è avvenuto casualmente, per uno strano equivoco;
- che questa storia, vista da fuori, è abbastanza buffa.

A portarli all'illuminazione è stata quindi la loro autoironia, il comprendere che il percorso utile per raggiungere il loro obiettivo, l'unico, il più efficace, è stato casuale, involontario, nato da un equivoco. Essi hanno raggiunto il Satori nel momento stesso in cui hanno realizzato l'incongruenza di tutto il lavoro svolto per ottenerlo.
Stessa cosa sarà anche per voi. Potrà sembrarvi paradossale ma capirete davvero cosa vuol dire essere comici quando lascerete per un attimo perdere l'obiettivo di far ridere a tutti i costi gli altri e cercherete di ridere e far ridere voi stessi, concentrandovi solo sul lavoro che state facendo e apprezzandolo come fine a se stesso.
Essere comici è un po' come tornare bambini: mettetevi alla prova, agite, giocate, guardate le cose con occhio nuovo, scombinate e ri-combinate cose, fatti, parole, idee, commettete errori e inventate soluzioni e possibilità. Insomma, divertitevi, perché se non vi divertite voi, ridendo anche di voi stessi, difficilmente riuscirete a far ridere qualcuno.

COMICI SI NASCE O SI DIVENTA?

Quando ero ragazzo mi dicevano che chiunque poteva diventare presidente. Adesso comincio veramente a crederlo!
Clarence Darrow[3]

Partiamo da una semplice domanda: quella contenuta nel titolo di questo secondo paragrafo, inutile ripeterla.
Certo, iniziare con una domanda non è molto "da manuale", lo riconosciamo, ma questa piccola trasgressione ci consente di sgomberare subito il campo da un equivoco che, se non chiarito immediatamente, renderebbe difficile la lettura e la comprensione di questo libro.
Rispondiamo subito: si nasce.
Non c'è niente da fare, si possono imparare tutte le tecniche del mondo, allenarsi ad applicarle, misurare l'impostazione del proprio corpo, del

---

[2] Da "Satoru": "rendersi conto", illuminazione secondo il buddhismo zen.
[3] Clarence Darrow (1857-1938), avvocato statunitense.

volto, rifarsi a comici professionisti, imitare le loro espressioni, ripetere le loro gag: niente, la comicità non si genera per emulazione.
Comici si nasce: questa è la risposta, questa la notizia cattiva.
La buona notizia è che tutti, in qualche modo, lo siamo nati. Tutti, senza distinzione.
Se almeno una volta nella nostra vita abbiamo fatto ridere qualcuno, significa che in quel preciso momento siamo stati comici.
Naturalmente possiamo avere generato comicità in modo involontario, per un nostro sbaglio, un errore, un piccolo fallimento, una lieve difformità fisica, un'imprecisione nel parlare, nel muoverci, nel ragionare. In questo caso possiamo ben dire di essere stati comici involontari, poiché comunque qualcuno ha riso per qualcosa prodotto da noi, anche se questo tipo di effetto comico lo riconosciamo più facilmente come *effetto del ridicolo*.
Però, siamo sinceri, non ci è costato molta fatica, semplicemente ci siamo fatti trovare inadeguati rispetto a un certo cliché, a ciò che gli altri pensano debba essere la normalità comportamentale e cognitiva, l'abilità nel muoversi, la competenza nel parlare, la sicurezza nell'agire.
Ecco, uno dei fondamentali segreti di partenza del nostro essere comici sta proprio qui: attingere senza paura al nostro ridicolo naturale, comprenderlo, governarlo, indirizzarlo e trasformarlo in un linguaggio unico e originale, con cui ci possiamo rappresentare e possiamo comunicare. Inutile rifarsi al ridicolo degli altri, abbiamo il nostro a portata di mano.
La comicità quindi è qualcosa di difficile definizione (cercheremo, più avanti, di definirla in qualche modo), è un modo di essere che, ovviamente, possiamo trovare solo dentro di noi.
Il problema vero, semmai, è come scoprirlo, come prenderne coscienza e come imparare a pensare con ciò che ci fa ridere e ad agire con ciò che, di noi, fa ridere gli altri.

IMPARARE A RIDERE, PRIMA DI IMPARARE A FAR RIDERE

Non riusciremo mai a scoprire se è nato prima l'uovo o la gallina ... finché non ci domanderemo che parte abbia avuto in tutto questo il gallo.
Groucho[4]

La seconda domanda che ci poniamo allarga la prospettiva: il comico sta in chi agisce o nell'occhio di chi guarda? In altre parole, proviamo a domandarci se la comicità stia in chi la genera, attraverso azioni o non-azioni, parole o silenzi, oppure nell'occhio di chi osserva tutto ciò.

---

[4] Personaggio del fumetto *Dylan Dog* creato da Tiziano Sclavi e edito da Sergio Bonelli.

In questo caso la risposta si fa più complicata e di difficile formulazione, poiché spesso notiamo che ciò che rappresenta qualcosa di comico per noi può lasciare indifferente, se non addirittura infastidire gli altri, e viceversa.
E ancora, ciò che diciamo o facciamo, con l'intento di far ridere un pubblico, può talvolta non essere riconosciuto, compreso, apprezzato, in parole povere può non far ridere.
Questo, lo capite da soli, è un problema.
Perché se è vero che la comicità (intenzionale o no) nasce da qualcosa, è anche vero che quel qualcosa va percepito e compreso da un occhio esterno, in grado di poter reagire in modo riconoscibile e condivisibile, il più delle volte con una risata.
Parafrasando il drammaturgo spagnolo Juan Mayorga possiamo allora dire che «la comicità è l'arte di stimolare l'intelligenza umoristica dello spettatore, cioè di chi ci vede, ci sente, ci osserva e ci ascolta».
Insomma, se qualcosa ci fa ridere, significa che è comico? Possiamo dire che esista qualcosa di comico, indipendentemente dal fatto che ci abbia fatto ridere? E, ancora, se abbiamo la certezza che ciò che diciamo o facciamo con l'intento di far ridere sia qualcosa di comico, come può talvolta non essere percepito come tale dalla persona (o dalle persone) cui ci si rivolge?
Allora, portando all'estremo il ragionamento, possiamo concludere che affinché nasca la comicità non basta un umorista, ne occorrono almeno due: il primo che la generi e un secondo che la percepisca.
Ma se, come vedremo, un comico, per definirsi tale, deve prendere coscienza del proprio ridicolo, saperlo governare e trasformarlo in una precisa cifra stilistica, allora significa che egli stesso deve ridere per primo delle cose di cui parla, compreso se stesso.
La prima regola di un comico è quindi semplice: imparare a ridere delle cose che ci circondano. Di tutte, poiché se la comicità è qualcosa di esistente in natura, di connaturato in tutto ciò che esiste e che possiamo vedere, sentire e pensare, l'umorismo è il senso che ci aiuta a percepirla e riconoscerla.
Non possiamo pensare di far ridere volontariamente qualcuno se noi stessi non percepiamo la comicità delle cose. L'esercizio continuo cui deve sottoporsi un comico è allora quello di allargare il più possibile il proprio ventaglio di percezione umoristica della realtà.
Naturalmente ci sono cose per cui siamo abituati a ridere, ma non basta. Occorre alzare la soglia, allenarci a ridere di tutto quanto è possibile.
Prima di tutto, cerchiamo di ridere della comicità pre-confezionata (dalle battute alle barzellette) proposta da altri, attori comici professionisti ma anche amici, parenti, colleghi, semplici conoscenti, cercando

il più possibile di accoglierne le proposte comiche senza giudicarle come troppo lontane dal nostro senso dell'umorismo.
Cerchiamo invece di capire il motivo per cui qualcuno le trova comiche, di adottare il loro punto di vista e di farlo nostro, anche solo per un attimo.
Un po' più difficile sarà allenarsi a ridere delle cose normali, di ciò che succede, di ciò che leggiamo sul giornale o vediamo in televisione, ma anche di ciò che accade ogni giorno a milioni di persone, dalla spesa al supermercato alla coda in posta, dallo spostamento in automobile alla serata in pizzeria.
In questo caso non siamo facilitati, come nel caso precedente, dalla rilettura umoristica fatta da qualcuno a nostro vantaggio, la situazione ci si presenta nella sua basilarità neutra, fatta di pro e contro, positività e negatività, interno ed esterno miscelati insieme... starà a noi trattarla fino a isolarne la parte comica.
Siccome essa esiste in tutte le cose, ma confusa tra le altre, per fare questo occorre saperla riconoscere e, riconoscendola, estrarla dal resto.
Più complicato sarà provare a ridere delle minime difficoltà e dei piccoli problemi quotidiani: il conflitto sul posto di lavoro o in famiglia, il parcheggio introvabile e la multa inaspettata, lo smarrimento delle chiavi di casa e l'incolonnamento in tangenziale.
Sempre più arduo sarà poi cercare di ridere delle disgrazie maggiori: dal furto del portafoglio, con documenti personali e carte di credito, a quello dell'automobile, dalla ricevuta di una certificazione di pignoramento degli immobili alla notizia della fuga di nostra moglie con il ricciuto insegnante di milonga.
Ancora più difficile sarà immaginare di ridere sulle cose più gravi (la guerra, la fame, la malattia, la morte). Sappiate che è possibile e tenete presente che l'umorismo nasce anche come antidoto al dramma della vita.
Per convincervi, pensate all'insegnamento di Totò:

> Io so a memoria la miseria, e la miseria è il copione della vera comicità. Non si può far ridere, se non si conoscono bene il dolore, la fame, il freddo, l'amore senza speranza... e la vergogna dei pantaloni sfondati, il desiderio di un caffelatte, la prepotenza degli impresari. Insomma non si può essere un vero attore comico senza aver fatto la guerra con la vita.

Non vi chiediamo naturalmente di "fare la guerra con la vita" ma semplicemente di pensare che di tutto ciò si può anche ridere. Sarà un buon allenamento per aumentare la forza della vostra comicità.
Infine, la cosa in assoluto più problematica: ridere di noi stessi.
Ecco, la qualità fondamentale che deve avere un attore comico è saper ridere di tutto o, almeno, di sapere di poterlo fare, senza problemi.
Se vogliamo sperare di far ridere un pubblico, ciò di cui parleremo, ciò

che faremo e ciò che rappresenteremo sul palcoscenico dovrà innanzi tutto aver fatto ridere prima noi stessi.

ALCUNI ERRORI DA EVITARE NEL PRIMO APPROCCIO AL COMICO

Era un mondo adulto… si sbagliava da professionisti.
Paolo Conte

L'errore più grossolano che si possa compiere nel lavoro di ricerca di una propria dimensione comica è quello di proporre parole, idee e immagini che, per qualche motivo, pensiamo possano essere comiche ma che non hanno fatto ridere noi stessi per primi.

Il pubblico se ne accorge e non accetta di giocare a un gioco con chi non è presente, con chi non si sta davvero divertendo, con chi non ne conosce o non ne rispetta le regole o con chi, avendolo lanciato, non riesce più a governarlo.

Nel nostro lavoro di formatori e docenti teatrali, ci siamo spesso trovati di fronte ad aspiranti comici che, non avendo ben capito che cosa fosse l'arte di far ridere o, meglio, avendolo capito solo in parte e travisandone l'essenza, sono partiti con il piede sbagliato.

Sono errori di approccio che, se non affrontati e corretti da subito, rischiano di compromettere seriamente la nascita e lo sviluppo di una propria comicità efficace.

Tenete presente che l'approccio iniziale conta molto: se ci avviciniamo al comico, da subito, in modo sbagliato, in seguito, per una serie di motivi che spiegheremo, sarà più complicato porvi rimedio.

L'umorismo è una capacità di leggere e insieme una facoltà di agire, che prevede un'osservazione della realtà e un'azione su di essa, è un pensiero che nasce e, nello stesso tempo, un'azione che si compie.

> L'umorismo […] è sempre e contemporaneamente atto creativo e di comunicazione, è insieme produzione di idee e urgenza espressiva, è ricerca di nuovi punti di vista che si fa costantemente e immediatamente condivisione degli stessi.[5]

Insomma, essere comici inizia dal pensiero umoristico. Ma il pensiero umoristico deve trarre origine dall'azione.

Il comico è modo di essere: non posso semplicemente "pensare" comico e neppure "fare" il comico… devo "essere" comico.

Comprendere questo è molto importante, poiché sono tanti gli errori che si possono compiere nel tentativo di avvicinarci all'arte del comico. Per meglio chiarire la questione, facciamo un breve e veloce elenco di

---

[5] Matteo Andreone, Rino Cerritelli, *Una risata vi promuoverà*, Rizzoli Etas, Milano 2012.

casi tipici che più spesso commettono errori di approccio, suddividendoli in sei categorie (anzi sette, anche se quest'ultima è rappresentata quasi sempre da casi allegramente irrecuperabili), in modo che possiate prendere spunto dai loro errori per evitare di compiere gli stessi.

Caso 1: Quelli come... Gli Attori Tecnicamente Preparati

Tecnicamente validi e consci del proprio talento, misurati ma capaci di esprimere forti emozioni, dotati di ottimi tempi, versatilità e grande espressività, gli attori dalla solida formazione teatrale, per un motivo che solitamente appare loro misterioso, spesso non riescono a creare facilmente comicità.

Il loro errore è che, in fase di creazione e preparazione, non "pensano" comico, quindi non lo rendono nella giusta maniera. Il loro approccio è serio, attento, scrupoloso e non si rendono conto che lo sbaglio sta proprio qui. Durante gli allenamenti per la creazione di sketch, monologhi o personaggi, essi badano più alla parte esecutiva che a quella creativa, trascurando in questo modo di liberare il proprio umorismo e di allenarlo.

La loro frase simbolo è: «Ok, fino a ora, durante gli allenamenti, improvvisando, sbagliando e correggendo, vi ho fatto ridere e voi avete riso... e si è riso molto, tutti insieme. Ora però basta, adesso torniamo al pezzo comico». E la pronunciano con serietà, senza capire che la comicità nasce e si sviluppa più facilmente mentre si crea "il pezzo", non quando lo si esegue.

Caso 2: Quelli come... Gli Animatori Appena Tornati dal Villaggio

Gli animatori sono generalmente estroversi, spigliati, abituati a muoversi sul palcoscenico e con una forte dose di autostima.

La loro principale difficoltà di approccio al comico sta proprio nel fatto di essere troppo sicuri di sé, ciò li porta spesso e volentieri a imporre la propria comicità, piuttosto che a suggerirla e coltivarla insieme al pubblico. Sono talvolta persone dalla comicità ossessivo-compulsiva, che non resistono a dover fare una battuta in qualsiasi circostanza. Confondono la simpatia e l'estroversione con la comicità e l'errore di valutazione che compiono è non capire che il mondo non è un enorme villaggio turistico. La loro frase simbolo è... qualsiasi battuta fuori luogo. Senza capire che usare bene il senso dell'umorismo significa anche rendersi conto quando è meglio non usarlo.

Caso 5: Quelli come... Gli Amanti della Comicità Televisiva

Categoria difficile è poi quella dei cultori della comicità proposta dalle trasmissioni televisive. Difficile perché composta da persone che hanno modellato il proprio gusto sui tempi e sugli argomenti più logori e abusati (come direbbe il correttore automatico di Word).

Il loro è l'apprezzamento del già detto e l'elogio del già sentito, sono certi che la possibilità di espressione comica si limiti ai cliché da format e non concepiscono di poter inventare qualcosa che trasgredisca a tali parametri. Le loro frasi simbolo sono: «Questa cosa fa ridere, d'accordo, ma funzionerebbe in televisione?» e «Questa cosa fa ridere, d'accordo, ma la fa già quel tale in quella trasmissione».
Senza pensare che la comicità richiede fantasia e trasgressione e che è negativo, in fase di scoperta della propria dimensione comica, porsi qualsiasi tipo di limite.

Caso 4: Quelli come... Woody Allen
Altro caso è quello di chi è abituato a riflettere e a scrivere, persone in genere dotate di un buon senso dell'umorismo, dalle grandi capacità di osservazione e interpretazione originale della realtà e dalla spiccata propensione alla satira.
A differenza di quanto accade per l'attore, per le stesse (o altre) misteriose ragioni, essi non riescono ad "agire" comico. Lo pensano solo, illudendosi che questo possa bastare.
La loro scrittura, però, manca di "fisicità", essa è solo umoristica e non riesce mai a elevarsi a scrittura comica rappresentabile. La loro frase simbolo è... qualsiasi, purché scritta. Senza capire che la battuta, talvolta, è solo il 10% di ciò che fa ridere e che, in ogni caso, conta sempre molto meno del modo in cui la si dice.

Caso 5: Quelli come... Gli Irriducibili Protettori del Proprio Mondo
Un'altra categoria di aspiranti comici che trovano grosse difficoltà di approccio è quella di chi non possiede sufficiente autoironia. Ci sono persone che riescono a ridere di qualsiasi cosa, purché non li riguardi direttamente, restando quindi sempre un passo indietro, un passo avanti, un passo al di sopra o un passo sotto la comicità stessa.
Chi non coltiva l'autoironia non è mai al centro della comicità che cerca di offrire e rischia di generare nel pubblico l'impressione di non volersi sporcare le mani con il gioco da lui stesso proposto.
La loro frase simbolo è: «Io voglio far ridere... non fare la figura dello scemo». Senza capire che riuscire a fare bene la figura dello scemo è uno dei massimi risultati del comico stesso.

Caso 6: Quelli come... I Pragmatici
In questa categoria rientrano tutti coloro i quali non creano e non mettono in atto nulla senza un significato logico del loro pensare e un obiettivo preciso del loro agire. Ciò che un simile approccio può ge-

nerare è un blocco creativo di difficile risoluzione poiché costringe a predilegere sempre il risultato comico al processo creativo stesso che consente di generarlo, limitandolo così alle sole conseguenze che già siamo in grado di prevedere.
Chi tende a scegliere solo le soluzioni prevedibili e immediatamente applicabili si preclude la possibilità di farsi sorprendere dalle fasi del percorso che possono invece portare a soluzioni inedite.
La loro frase simbolo è: «Bello, abbiamo riso molto, ok... ma a che serve?». Senza ricordarsi che l'intento del comico è proprio quello di ridere e di far ridere, nulla di più.

Caso 7: Gli Allegri Comici Preterintenzionali
Quest'ultima categoria, come abbiamo detto, è quella rappresentata dai casi più allegramente irrecuperabili. *Irrecuperabili* perché è molto difficile porvi rimedio, *allegramente* perché, comunque, l'intento comico è spesso raggiunto, anche se attraverso percorsi certamente non umoristici.
È il caso di chi inventa e rappresenta, con la certezza di essere efficace, qualcosa di assolutamente non comico, ma talmente non comico da risultare ridicolo. Solitamente essi ridono per ciò che stanno facendo e il pubblico anche... ma per due motivi totalmente diversi: loro perché trovano irresistibilmente divertente ciò che stanno facendo, il pubblico perché trova tutto ciò irrimediabilmente ridicolo.
Insomma, essi si rendono conto di ciò che fanno ma non dei risultati che ottengono, non sono sintonizzati con il pubblico e riescono a far ridere per un motivo differente da quello che immaginano. Ottenendo però in risposta delle sonore risate, sono convinti di avere centrato il bersaglio.
La loro frase simbolo è: «Ma perché non va bene? Se avete riso tutti!». Senza pensare... e basta. Essi, in genere, non pensano.

Chi appartiene a una delle prime tre categorie pensa che il comico stia più che altro nell'azione. Senza preoccuparsi di pensare a ciò che fa, agisce in modo preciso e brillante ma senza allineare il proprio umorismo a quello del pubblico. Come un personaggio in cerca d'autore, si limita a ripresentare cliché già visti, lasciando che il proprio talento interpretativo o le proprie doti istrioniche si svelino troppo.
L'esigenza di condividere una comicità che egli stesso non ha pienamente afferrato lo porta a imporre il proprio immaginario umoristico anziché stimolare quello del pubblico. Insomma, egli non crede in ciò che fa: agisce ma non crea o, meglio, non c'è creazione nel suo agire.
Chi invece appartiene a una delle ultime tre categorie, riesce benissimo a concepire un'idea, una situazione, un ambiente umoristico ma senza

vedersi mai protagonista dell'azione. Come un autore in cerca di personaggio, egli sta sempre un passo indietro a ciò che avviene sulla scena, lasciando che la timidezza, la rigidità e l'insicurezza, fondamenti della propria personalità, offuschino la comicità che intendono generare.
Insomma, gravi problemi di approccio a cui, spesso, è complicato porre un rimedio efficace e definitivo.
Eppure la soluzione è abbastanza a portata di mano, anche se trovarla richiede a tutti uno sforzo in più, fatto di quattro elementi: coraggio, apertura, follia e senso di responsabilità.
Ci vuole un certo coraggio nel mettersi in gioco, evitando di costruirsi intorno delle armature che impediscono il rivelarsi del proprio pensiero e della propria azione.
Poi una buona disponibilità all'apertura, all'osservazione e all'ascolto, che consenta di mettersi in sintonia con le persone e con l'ambiente circostante.
Quindi un pizzico di follia, che permetta di far emergere idee e di sperimentare azioni dalle quali farsi sorprendere e spiazzare.
Infine un maggiore senso di responsabilità, che aiuti a prendere coscienza delle proprie anomalie (fisiche, comportamentali o di opinione) e a renderle in qualche modo accettabili e condivisibili.

SULLE TECNICHE PER ALLENARE IL SENSO DELL'UMORISMO

Ci vuole molto studio e tanta preparazione
... per diventare buoni improvvisatori.
Matteo Andreone

Abbiamo detto che prima di "agire" comico su un qualsiasi palcoscenico occorre innanzitutto imparare a "pensare" comico, quindi si potrebbe credere che tutto parta da lì, che basti sedersi a osservare il mondo che ci circonda per allenare il nostro senso dell'umorismo. Invece no, o almeno non solo. Tutto parte dall'azione.
Il pensiero umoristico, prima di diventare azione comica espressiva, deve nascere, ampliarsi e strutturarsi proprio attraverso l'azione comica stessa. Sembra un ragionamento complicato ma non lo è affatto, seguiteci ancora un attimo.
Se provate a pensare per un momento all'umorismo come a un muscolo che, per essere allenato e rinforzato, deve essere messo costantemente alla prova, con esercizi via via più duri e personalizzati, capirete meglio quanto stiamo dicendo.
Certo, i muscoli servono per ottenere una grande prestazione sportiva ma per allenarli occorre sottoporli a una continua pratica, comunque sportiva, anche se non direttamente finalizzata.

Prima di nuotare, correre, saltare con l'asta, giocare una partita di calcio, dovrò innanzitutto allenare i miei muscoli allo scopo, svilupparli, rinforzarli, tonificarli. Poco varrebbe imparare subito le tecniche migliori per gareggiare se il fisico non fosse pronto ad apprenderle e applicarle al meglio.
Allo stesso modo, poco varrebbe imparare le innumerevoli tecniche di espressione comica se il nostro umorismo non fosse in grado di comprenderle e applicarle nella giusta maniera.
Nonostante tutto ciò che abbiamo appena detto, ai più sembra impossibile che possano esistere tecniche utili a diventare comici. Provate a chiedere a chiunque conosciate e vedrete che la risposta sarà sempre la stessa: «Puoi avere certo talento ma la comicità è qualcosa di innato, impossibile da imparare». E i primi a sostenerlo sono proprio gli stessi comici.
Medesima cosa abbiamo fatto noi, incessantemente, per anni, chiedendo ogni volta ad attori e autori comici come fosse possibile stilare un manuale, un insieme di tecniche, per apprendere questa indefinibile arte.
«Non è possibile» era la risposta più tenera e indulgente.
Noi però abbiamo insistito, chiedendo da parte di ognuno di loro uno sforzo di immaginazione: «Ok, non è possibile, ma se lo fosse, cosa si potrebbe fare, da dove si potrebbe partire?». E, immancabilmente, ogni volta, la risposta era: «Allora, fermo restando che non è possibile, diciamo che, se proprio volessimo provarci, allora bisognerebbe partire con...». E giù una regola, un consiglio, un'idea, un'esperienza personale.
È proprio attraverso questo incessante lavoro che sono nate molte regole, molti esercizi e molte delle tecniche di allenamento al pensiero umoristico e al linguaggio comico presentate nei prossimi capitoli.
Queste tecniche di allenamento, quindi, costituiscono una palestra fondamentale per prepararsi ad apprendere e applicare, sul palcoscenico, quelle tecniche di espressione comica e hanno lo scopo di portare alla luce e allenare il senso dell'umorismo che, siamo certi, già possedete.
Nel seguire i consigli e nel mettere in pratica gli allenamenti proposti nella prima parte di questo manuale, vi chiediamo quindi di non pensare subito alla loro applicabilità sul palcoscenico ma di eseguirli con l'unico scopo di stimolare e rinforzare il vostro senso dell'umorismo.
Ricordatevi che il pensiero umoristico si può allenare solo attraverso il continuo sforzo della nostra mente per adattarsi allo spiazzamento creato dalle nostre stesse azioni.
Sono esercizi che agiscono direttamente sul muscolo interessato e vi consentiranno, attraverso la pratica di meccanismi liberi, di individuare il linguaggio comico che più vi è proprio, per poterlo utilizzare infine sul palcoscenico.

APPROCCIO AL METODO

> *Tutto ciò che serve nella vita si impara solo con l'esperienza*
> *... l'ho letto in un manuale!*
> Matteo Andreone

Questo allenamento va fatto con un certo metodo, poiché non c'è niente di ciò che possiamo imparare davvero nel corso della nostra vita che non preveda esperienza e disciplina. Abbiate fiducia nel fatto che ogni traguardo è raggiungibile: anche quello di diventare dei comici.

Il metodo presentato e adottato in questo manuale funziona meglio se lo sperimentate con un atteggiamento fatto di coraggio, apertura, follia e senso di responsabilità, i quattro elementi di cui abbiamo parlato nel paragrafo precedente.

L'allenamento metterà inizialmente alla prova il vostro pensiero umoristico e gli consentirà di crescere e svilupparsi in direzioni inedite.

Tornando alla metafora sportiva, sappiate che anche se gli esercizi di allenamento sono gli stessi per tutti, essi aiuteranno a formare il vostro fisico in modo imprevedibile, limitandosi a sviluppare le qualità di cui siete dotati già in potenza.

Lasciatevi inizialmente sorprendere dai miglioramenti imprevisti che avrete e analizzate ogni passo avanti in modo tale da prenderne man mano coscienza.

Scoprirete come mettere a nudo le vostre doti particolari, anche quelle che solitamente tendete a nascondere, le vostre anomalie e le vostre normalità, i vostri pregi come i vostri difetti, le vostre capacità e le vostre incapacità, i vostri successi ma anche i vostri personali fallimenti.

Fatene tesoro, poiché saranno gli elementi base del vostro immaginario comico, il vocabolario del vostro parlare e gli attrezzi del vostro agire.

Imparerete poi a trasformare tutto ciò in un linguaggio coordinato, a prendere i tempi e le misure giuste con cui esprimervi.

Proverete infine a portare tutto questo bagaglio sul palcoscenico, imparando la differenza fondamentale che c'è tra il pensare, il parlare e l'agire comico e sperimentando in quali e quante direzioni potete andare.

Se seguirete i consigli e vi allenerete con un certo impegno, scoprirete miracolosamente di avere talento, un talento unico e prezioso: il vostro talento. E non arrendetevi alle prime difficoltà che, certamente, si presenteranno puntuali per mettere alla prova voi e le vostre qualità originali, ma continuate a impegnarvi, senza porvi come punti di riferimento il talento degli attori e degli autori comici che più vi piacciono. Loro, per diventare ciò che sono, hanno allenato i "loro" muscoli dell'umorismo e hanno lasciato nascere un "loro" linguaggio comico. Voi cercate di fare altrettanto con il vostro.

Nello stesso tempo, all'applicazione del metodo sforzatevi di unire una certa curiosità per tutto ciò che si produce, che si scrive, che si rappresenta, senza però limitarvi a ciò che propone la televisione ma leggendo e andando a vedere i comici nei locali, nei laboratori, nei teatri, al cinema.
Insomma, siate curiosi, impegnatevi e fate esperienza.
Come diceva il grande autore comico americano Steve Allen, in una frase riportata da Gene Perret[6]:

> Potreste essere portati per suonare la tromba. Ma se non comprerete una tromba e non vi eserciterete ogni giorno, finirete per non suonarla, oppure per diventare dei miseri trombettisti scadenti. Nessuno dovrebbe pensare di potersela cavare nella vita con il semplice talento.[7]

L'IMPORTANZA DEL FEEDBACK

«Per favore non lasciarmi; dimmi, almeno dove, ho sbagliato?»
«Nella punteggiatura».
Matteo Andreone

Per essere spettatori di voi stessi e per aumentare la vostra percezione umoristica del comico che state generando, sarà molto utile, durante il percorso, nell'esecuzione di ogni esercizio, che facciate molta attenzione agli effetti che ognuno di essi avrà su di voi.
Il comico, come abbiamo visto, può essere spontaneo e naturale, frutto dell'improvvisazione, del caso, del momento; ma per prenderne coscienza, dovrete cercare di trasformare in narrazione ogni vostra azione.
Al termine di ogni nostra lezione, tenuta presso l'Accademia Nazionale del Comico, abbiamo chiesto per anni ai nostri allievi di scriverci, nei giorni successivi, un feedback completo su ciò che era avvenuto.
Per le prime lezioni, per prendere confidenza con questa procedura, poteva bastare che descrivessero semplicemente la lezione, immaginando di farlo a favore di qualcuno che non era presente.
In seguito, chiedevamo loro di approfondire sempre più l'analisi, entrando nel dettaglio e descrivendo: gli esercizi che erano stati messi in pratica, gli eventuali problemi e/o difficoltà che avevano riscontrato nell'eseguirli, i risultati ottenuti e alcune considerazioni finali.
Adesso chiediamo a voi di fare la stessa cosa.

---

[6] Comico, umorista e produttore statunitense, autore di numerosi libri tra cui *The New Comedy Writing Step by Step*, più volte citato nel presente manuale.
[7] Gene Perret, *The New Comedy Writing Step by Step*, Quill Driver Books, Fresno 2007.

Al termine di ogni capitolo, dopo avere eseguito gli esercizi descritti, costringetevi a scrivere le vostre considerazioni a riguardo, ritornando sulle indicazioni dell'esercizio, osservando gli effetti che esso ha avuto su di voi e analizzando le eventuali difficoltà riscontrate nell'attuarlo.
Vi consigliamo di farlo allo scopo non tanto di produrre testi comici efficaci (non all'inizio, almeno), bensì per sviluppare e allenare la vostra capacità di osservazione umoristica di voi stessi.
Consideratelo parte della lezione che avete appena seguito, anzi, sappiate che quello che state leggendo è un manuale diviso in due parti: la metà (stimolo) è stata scritta da noi, l'altra metà (effetti) dovrete scriverla voi.

FORMAZIONE TEATRALE E DE-FORMAZIONE COMICA

Questo ritratto è bellissimo ma incompleto
... per essere perfetto gli manca qualche errore!
Matteo Andreone

In ogni caso questo, lo avrete intuito, non è un classico manuale di formazione per l'attore teatrale, bensì una guida pratica per la formazione di un attore comico.
La cosa è ben diversa, poiché se a un attore è necessario un vero e proprio training per la scoperta e lo sviluppo delle proprie facoltà fisiche e mentali e per l'acquisizione di determinate competenze tecniche, a un "generatore di comicità" occorre qualcosa in più.
Da sempre ci sentiamo ripetere che è molto più difficile fare ridere che fare piangere, che le corde da toccare sono più sottili e che essere interpreti di una buona commedia richiede senz'altro doti maggiori che esserlo di una qualsiasi altra opera drammatica. Ebbene, questo non è vero ma di certo, osservandoli, ci rendiamo conto che agli attori comici non basta recitare, seppure magistralmente, una parte, occorre recitarla in un certo modo, unico, originale, insostituibile.
Se ci rechiamo a teatro per assistere a una rappresentazione di *Otello* e ci viene comunicato che uno degli interpreti, proprio quella sera, ha il raffreddore e che sarà sostituito da un altro attore... poco male. Certo, non sarà esattamente la stessa cosa ma lo spettacolo, comunque, lo si porta a casa. Se però vogliamo assistere a uno spettacolo di Benigni ma, purtroppo, quella sera il buon Roberto non si sente molto bene e sarà sostituito da un altro attore comico, che comunque dirà le stesse identiche cose, questo non ci sta più bene. Con un altro comico, sarà un altro spettacolo. Un interprete è un interprete, il comico è il comico.
Dove sta la differenza? Nel fatto che ogni comico è necessariamente unico, diverso da tutti gli altri, avrà il suo stile, le sue battute, le sue espressioni tipiche, la sua parlata, i suoi tempi e i suoi modi.

Filosofia, pratica e metodo di insegnamento

E nel recitare, darà sempre l'impressione che tutto stia accadendo nel momento esatto in cui viene recitato, che non vi sia sforzo nella sua interpretazione, che tutto sia leggero, semplice, naturale. In altre parole, l'impressione che il comico stia semplicemente recitando se stesso.

La sua comicità si esprime mediante un meccanismo dal funzionamento anomalo giacché, per risultare perfetto, deve necessariamente sembrare di non esserlo completamente.

Per tenere in piedi tutto questo, il comico deve quindi dare l'impressione di avere qualcosa in meno, ma ha qualcosa in più. Non deve "recitare" qualcosa, deve "essere" qualcosa e, nell'esserlo, deve prenderne il giusto distacco, per poter liberamente giocare, con se stesso, con gli altri attori e con il pubblico.

Da dove gli viene quest'arte? Cosa la rende così apparentemente semplice? Quale tipo di formazione deve avere avuto se, apparentemente, non fa altro che rappresentare se stesso?

Ci poniamo queste domande senza pensare che la cosa più difficile e, nel contempo, più facile è proprio quella di imparare a fare se stessi. Difficile perché ha dovuto non fare proprio uno stile bensì inventarne uno. Facile in quanto tutto ciò che gli serve faceva già parte del suo bagaglio.

Quale strana formazione, allora, può avere avuto, se non ha imparato nient'altro che già non sapesse e non ha acquisito altro che qualità che già possedeva?

Semplice, la sua non è stata una formazione ma una vera e propria *deformazione*[8], un training per liberarsi da pensieri, stili e linguaggi che non gli appartenevano e che avrebbe dovuto apprendere e trasformare in linguaggio, stravolgendo la propria unicità.

Attraverso la de-formazione il comico non ha bisogno di interpretare o, meglio, può farlo ma mantenendo sempre un tocco di originalità, uno sguardo laterale, un modo di essere unico.

Egli non ha dovuto imparare qualcosa in particolare, piuttosto ha dovuto imparare l'arte stessa di imparare, mettendosi alla prova sempre, costantemente, e costantemente trovandosi inadeguato, non all'altezza del compito, del momento, della situazione.

Ha imparato ad affrontare le cose, le persone e le situazioni, i conflitti con gli altri e con se stesso, lasciando che il suo umorismo agisse per lui e, nel tentativo di superarle, si trasformasse in comicità.

Ciò che vediamo sul palco non è altro che il suo umorismo in azione.

---

[8] Metodo teorizzato da Andreone e Cerritelli nel 2008 e applicato dal 2010 per la formazione e lo sviluppo delle risorse umane in ambito artistico, sociale e professionale.

Secondo passo: riscaldamento comico

ALLENARE IL PENSIERO UMORISTICO CREATIVO

FORME E COLORI DEL COMICO

Un ricco stupido è un ricco... uno stupido povero è uno stupido.
Antonio Albanese, *Uomo d'acqua dolce*

Lo abbiamo già detto e lo ripetiamo, perché vogliamo disilludervi del tutto: per produrre qualcosa di comico sul palcoscenico non basta saper scrivere, non basta saper recitare e non bastano neppure le due cose insieme.
Allo stesso modo, a un disegnatore, per creare una vignetta divertente o per realizzare una caricatura azzeccata, non basta saper miscelare bene i colori, conoscere le tecniche della prospettiva, dei chiaroscuri, delle proporzioni; occorre saper vedere e andare oltre.
È essenziale innanzitutto sviluppare la capacità di osservare il reale da un punto di vista anomalo, inedito, originale. Quindi trovare uno stile che gli consenta di rappresentare nel migliore dei modi questo punto di vista, che gli permetta cioè di ricreare l'oggetto della sua rappresentazione dalla stessa prospettiva in cui lo ha visto. Infine cercare una misura precisa per allineare il suo punto di vista a quello degli altri.
Sarà difficile, per lui, imporre una visione del reale senza tenere conto dell'accettabilità e della condivisibilità da parte di chi vedrà la sua opera.
In pratica, egli deve stimolare, attraverso un'immagine, o una serie di immagini, il senso dell'umorismo di chi osserva, mediante la creazione di un effetto comico.
Eccoci al punto: creare un effetto comico.
Come si fa? Com'è possibile? Come e cosa ci passa per la mente quando lo facciamo? Una volta imparate le tecniche di disegno siamo certi che riusciremo a utilizzarle allo scopo di creare un'immagine comica?
La prima cosa che ci viene in mente è che il comico non si trova nell'uso delle matite e dei pennelli ma in qualcosa che viene appena prima e appena dopo: cioè nella visione distorta del reale di chi li impugna

per disegnare e nell'occhio di chi osserva, un attimo dopo che il disegno è finito.
È una collaborazione, un gioco tra chi produce e chi fruisce, una strizzatina d'occhio tra l'autore e il suo spettatore.
Come se il primo dicesse: "Guarda, mi sono divertito a vedere la realtà in questo modo e te la ripropongo; è solo un gioco, niente di pericoloso, niente di grave, io so chi sono e tu sai chi sei ed entrambi sappiamo di cosa stiamo parlando. Voglio solo giocare per un attimo insieme a te" e il secondo rispondesse: "Ok, ho capito, accetto il gioco e accetto di giocarci con te, frantumiamo per un attimo le regole, mandiamo all'aria tutto e ricreiamolo a nostro piacere!".
Come avrete notato, il processo è partito tutto da quel fatidico "mi sono divertito a vedere la realtà in questo modo".
Perché senza questa partenza nulla sarebbe potuto avvenire.
La prima percezione del potenzialmente comico deve essere dell'autore stesso e, per averne il più possibile, deve possedere un senso dell'umorismo allenato, che gli consenta di osservare la realtà e ridere di alcuni particolari della stessa.
Dopo aver riso di qualcosa, l'autore potrà produrre e lasciare che la sua stessa produzione, le bozze, gli appunti, lo sorprendano e lo spiazzino, trovando quindi un linguaggio nuovo che, ricreando un effetto comico analogo a quello esistente e percepito nella realtà, riesca a stimolare ancora una volta il suo pensiero umoristico.
L'autore quindi, nel processo creativo, deve essere, per ben due volte, anche spettatore: la prima quando osserva la realtà, la seconda quando osserva la propria opera.
Nella prima fase mettiamo alla prova la nostra osservazione, nella seconda entra in gioco anche l'azione: le condizioni di base. A governare il tutto deve esserci, sempre e comunque, la nostra intelligenza umoristica, dote essenziale per chiunque voglia cimentarsi nell'arte del comico, su carta come su palco.
Torniamo a noi e all'argomento di questo manuale. Che c'entra il disegno con il teatro? E l'attore con il disegnatore? E il comico con il caricaturista? C'entra, perché cambiano solo gli strumenti, il resto è (quasi) uguale.
Se per un caricaturista e per un vignettista gli strumenti sono pennelli, colori e matite (magari anche righelli e compassi, ma meglio di no... troppo precisi), gli strumenti di un attore comico sono il proprio corpo, la propria faccia e la propria voce.
E se saper adoperare pennelli e matite è competenza che si impara in anni di studio e di applicazione, saper usare il proprio corpo, la propria voce e la propria faccia è competenza che si impara ogni giorno, attraverso la vita sociale e relazionale.

In questo caso, i protagonisti delle nostre caricature e delle nostre vignette siamo noi stessi.

La differenza tra il modo comico o non comico in cui usiamo gli strumenti che abbiamo a disposizione, su cosa faccia ridere e cosa no in come ci presentiamo e in ciò che facciamo e che diciamo, sta allora da qualche altra parte: anche in questo caso, un po' prima e un po' dopo la nostra azione.

Per far ridere un pubblico, a un attore comico non basta quindi la capacità tecnica, la perfetta padronanza del palco, la voce impostata e versatile, l'istrionismo, la memoria allenata, l'immedesimazione con il personaggio che interpreta, la conoscenza del testo e del tempo esatto per la realizzazione di una gag.

Un attore, per costruire un proprio linguaggio comico, deve agire sul proprio pensiero umoristico e, per farlo, deve sperimentare differenti azioni, fino a trovare quella in grado di stimolare il proprio senso dell'umorismo. In altre parole, pensiero umoristico e azione comica: poiché non può nascere l'uno senza l'apporto dell'altra e non può trasformarsi in linguaggio e stile la seconda senza l'apporto del primo.

IL COMICO DEVE ESSERE SCHIERATO?

> *Quanto devono essere lunghe le gambe di un uomo?*
> *Abbastanza per toccare terra.*
> Abraham Lincoln[1]

Si sa che un attore o un autore può, attraverso l'uso del registro comico, esprimere concetti, opinioni e punti di vista: egli può creare e/o riprodurre monologhi di satira politica, attaccando il potere costituito, oppure di satira sociale, mettendo alla berlina i comportamenti umani e facendosi beffe della collettività.

Non è però questo che intendiamo parlando di "comico schierato", quanto qualcosa di più sottile, indefinibile e, nello stesso tempo, semplice e alla portata di mano, per cui l'ideologia, l'etica, il credo politico o la fede calcistica non sono altro che effetti collaterali minori.

Parliamo infatti di un punto di osservazione anomalo, differente, angolare, da cui la percezione della realtà risulta distorta solo fino a quando anche il pubblico non si sposta quel tanto che basta per condividerla: subito dopo la visione appare più chiara, anzi, l'unica possibile, indipendentemente dalle idee e dalle nostre convinzioni.

---

[1] La frase è riportata da Woody Allen in un racconto presente nella raccolta *Effetti collaterali*, Bompiani, Milano 2004.

Se per un comunicatore l'oggetto e l'obiettivo del proprio comunicare è trasmettere dati, fatti, idee, concetti e opinioni, entrando nel loro contenuto, per un attore comico è semplicemente osservarne e condividerne le forme. E se per un venditore l'obiettivo è vendere un'idea, un prodotto o un servizio, per un attore comico è semplicemente quello di suggerire un punto particolare da cui osservarli. La cosa è molto più complicata e, insieme, più facile poiché non mi scontro dialetticamente con ciò in cui si crede, non ne affronto i contenuti e non ne contesto le tesi, semplicemente mi limito a invitare a osservarlo da dove lo sto osservando io.

Per usare metafore, non voglio criticare il disegno o il colore della giacca che si indossa, mi limito a farla osservare da dentro, mostrandone le cuciture. Insomma, non do una mia interpretazione critica della realtà, non voglio esprimere opinioni su come si agisce o si pensa, mi limito a chiedere di osservare (osservarvi e osservarci) dalla stessa postazione da cui sto osservando io, dalla parte opposta a quella comune, dall'alto, dal basso o dall'interno.

Mi schiero, quindi, non ideologicamente ma quasi fisicamente: il mio è uno schieramento nello spazio, un riposizionamento, una rigenerazione.

Dimostro che se ci si mette per un attimo qui, dove sono io, tutto apparirà chiaro e condivisibile. Non voglio convincere, non è il mio compito, voglio semplicemente suggerirlo e, chi vedrà ciò che vedo io, allora sentirà l'urgenza di comunicarmelo... attraverso il riso.

L'OSSERVAZIONE CREATIVA DELLA REALTÀ E LA SUA RIGENERAZIONE UMORISTICA

La Salerno-Reggio Calabria è una vergogna:
un cantiere sempre aperto da oltre trent'anni.
Basta... è ora che si prendano almeno un lunedì di riposo!
Agostino Accardo

Bene, dopo la giusta teoria introduttiva è giunto il momento di partire con le prime cose pratiche.

Prima di aprire la nostra personale "cassetta degli attrezzi" e di imparare a usarli nel modo migliore per generare comicità, iniziamo con un po' di allenamento libero, rinforzando i nostri "muscoli umoristici".

Ecco, che cos'è e di che materia è fatto l'umorismo?

Secondo il già citato Perret (e, se lo citiamo così spesso, significa che siamo d'accordo con lui), essenza fondamentale dell'umorismo è imparare a osservare le cose che ci circondano e che possono essere osservate da chi ci circonda: ciò non è per niente automatico, se pensate a quante cose sfuggono costantemente alla nostra attenzione. Poi occorre riconoscere le cose per ciò che sono, quindi prenderne coscienza e accettarle.

Può sembrare una premessa talmente scontata da rasentare la banalità, ma non lo è affatto poiché senza queste tre condizioni iniziali non sarebbe possibile riconoscere l'aspetto umoristico di qualsiasi cosa, argomento o situazione.

Perret riporta l'esempio di quella volta in cui tenne un seminario insieme all'autore comico statunitense Robert Orben. Entrambi sfoggiavano una bella testa pelata. Ebbene, durante un botta e risposta, qualcuno tra il pubblico chiese: «Bisogna essere calvi per essere buoni scrittori comici?». Orben non si fece cogliere impreparato e rispose: «Quando nasciamo, ci vengono assegnati un tot di ormoni maschili. Se vuoi usare i tuoi per farti crescere i capelli, liberissimo: fallo pure».

Perret aggiunge:

> Vedere il problema era cosa facile. Le nostre teste luccicavano sotto i faretti. Riconoscere il problema era già una sottigliezza in più. Tanta gente spera sempre che gli altri non lo notino. Noi invece sapevamo per certo che il pubblico vedeva le nostre zucche pelate. Accettando il fatto, Orben riuscì a scherzarci sopra, strappando al pubblico una gran risata di apprezzamento.[2]

Insomma, bisogna essere capaci di vedere, riconoscere e accettare quello che è molto probabile il pubblico veda, riconosca e accetti, prima di poterci scherzare su.

L'autoironia poi, lo vedremo in seguito, è un'arma particolarmente efficace per stabilire una relazione umoristica con un interlocutore, che in questo caso era il pubblico presente.

Spesso, identica cosa abbiamo fatto noi, all'inizio di ogni nostro corso all'Accademia del Comico. Nei minuti iniziali, durante la fase di conoscenza dei partecipanti, di premessa e di focalizzazione degli obiettivi, consigliavamo agli allievi di non temere i propri difetti e i propri limiti ma, anzi, di utilizzarli per sviluppare un proprio pensiero e per cercare un linguaggio umoristico personale.

Spesso, talvolta sorprendendo un po' gli astanti, non mancavamo di elencare, in assoluta libertà e con un certo compiacimento, i nostri principali difetti fisici e caratteriali (almeno quelli immediatamente visibili e condivisibili), arrivando alla conclusione che proprio grazie al loro riconoscimento potevamo riuscire a trasformare questi difetti in punti di forza della nostra personalità.

---

[2] Gene Perret, *The New Comedy Writing Step by Step*, op. cit.

ALLENAMENTI PER L'OSSERVAZIONE E IL RIPOSIZIONAMENTO UMORISTICO

> *La formula chimica dell'acqua è molto semplice... Acqua $_2$O*
> Michele Cesario

Ecco alcuni esercizi che vi aiuteranno a scoprire e mettere alla prova il vostro pensiero umoristico, insegnandovi a osservare le cose da un punto di vista inedito e spiazzante.

Proviamo ad allenare la nostra percezione umoristica della realtà cercando di trovare in essa, come dice lo psicologo Giovannantonio Forabosco, «una particolare contemporaneità di incongruità e congruenza»[3]. Siccome il senso dell'umorismo, lo abbiamo detto, è insieme pensiero e azione, e poiché l'azione umoristica prevede l'uso di altri e più basilari sensi, gli esercizi servono ad allenare sia la nostra percezione fisica sia quella mentale.

Di ogni allenamento proposto daremo, al termine del capitolo, alcuni suggerimenti per una traduzione scenica, trasformando la pura e semplice esercitazione in un'occasione di rappresentazione comica.

Esercizi mentali, da eseguire singolarmente

✦ Spostare il punto di osservazione

Il primo è un esercizio suddiviso in sette fasi distinte e consequenziali, che potete eseguire anche da soli. Nell'eseguirlo, cercate di non temere le idee assurde (pane per i denti di un comico) e non censuratevi ma fate di tutto per inibire il vostro pensiero logico, lasciando che la vostra parte illogica agisca per voi.

Fase 1: Spostare il punto di osservazione su immagini create
Prendete un pennarello, disegnate su un foglio bianco qualcosa senza alcun senso. Ma davvero senza senso: non seguite idee precise, limitatevi a tracciare linee, tratti, cerchi, figure geometriche. Fatelo velocemente, in un tempo limite di trenta/quaranta secondi, in modo tale da non concedervi neppure un secondo di riflessione; una qualsiasi pausa attiverebbe la vostra parte logica. Un'avvertenza: disegnando, fate attenzione a non staccare mai il pennarello dal foglio, affinché ogni tratto sia sempre l'inizio e la fine di un altro {☞ **Disegno a mano libera**}. Ora riguardate il disegno che ne è venuto fuori e cercate di capire che cosa rappresenta. Osservatelo da tutti i lati, sottosopra, per lungo e per largo, fino a che la prima idea non scaturisce. Lo scarabocchio che, senza pensarci, avete realizzato, riflettendoci un po' su, può sembrare

---

[3] Giovannantonio Forabosco, *Il Settimo senso*, Orme, Roma 2012.

un profilo umano se lo guardate da una parte, un'ardita costruzione se lo guardate al contrario e magari un animale preistorico se lo girate dall'altra parte. Sarà un po' come quando, nei momenti d'ozio, osserviamo le nuvole, divertendoci a dare alle loro forme appena abbozzate significati compiuti, con la differenza che siamo noi stessi ad abbozzare tali forme.

Ebbene, decidete qual è l'immagine che più stuzzica la vostra fantasia e provate, usando lo stesso o altri pennarelli colorati, a completarlo, arrotondandone, allungandone o accorciandone le forme. Aggiungete pure un occhio, se volete, dei denti oppure una finestra, una cresta, magari un cappellino, ma solo se "li vedete" come necessario completamento dell'immagine. Non stravolgete l'immagine, limitatevi a completarla un po'.

Prima di terminare l'opera, voltate il foglio, vedete cos'altro vi fa venire in mente il nuovo disegno visto da un'altra prospettiva e ripetete l'operazione. Così per tutte le volte che volete. Divertitevi a osservare quante possibilità sono nascoste in un semplice scarabocchio.

Fase 2: Spostare il punto di osservazione su immagini esistenti e creare relazioni tra esse

Ora provateci con immagini già esistenti, forme e figure geometriche. Iniziate da immagini chiare, semplici, che non suggeriscano particolari interpretazioni, poi spostatevi sui disegni, anche sui vari abbinamenti tra i colori, quindi passate a disegni più complessi, vignette, fotografie. Fate in questo modo: scegliete una qualsiasi figura geometrica (es. un cilindro) e affiancatela a un'altra (es. un parallelepipedo). Osservatele bene e cercate di sentire che cosa vi ispira ognuna di esse e che cosa entrambe, quindi provate a farle parlare, scrivendo sotto a una o a entrambe le figure una didascalia, una battuta (fig. 1).

 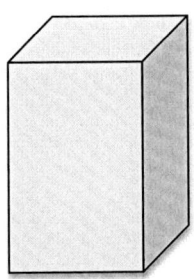

Senti Aldo, non prenderla come una cosa personale ma…
Non ti sembra l'ora di metterti un po' a dieta?
Fig. 1

Cercate di scrivere più didascalie differenti e divertitevi a trovare quante più soluzioni possibili. Provate infine con altre figure, abbinandole sempre a due a due e facendole dialogare. Tenete sempre presente la peculiarità di ogni figura e abbinatela a una condizione o a un carattere (es. il cilindro può rappresentare l'abbondanza, la pienezza, la sinuosità delle forme ecc... il parallelepipedo, invece, può sentirsi in difetto di morbidità ma, per esempio, sentirsi più acuto, preciso, rigoroso).

Potete voltare le figure, facendo loro assumere un altro carattere, quindi generare una diversa interazione. Potete anche accostare colori, rifacendovi all'interpretazione che diedero due noti critici d'arte sul medesimo dipinto: una tela colorata per la metà superiore di rosso e per la metà inferiore di nero. Il primo, osservando l'opera, disse: «Trattasi certo del Mar Nero al tramonto»; il secondo non fu d'accordo e, capovolgendo il dipinto, replicò: «Niente affatto, trattasi evidentemente del Mar Rosso di notte».

Potrete poi dedicarvi a immagini più complesse, come ad esempio fotografie di animali, frutti, alberi accostati. Oppure a oggetti veri e propri, combinandoli in modo diverso e cercando anche qui di farli interagire con una/due battute.

Potete infine provare con figure dalla connotazione più precisa: volti, scene, vignette, fotografie.

Scegliete le immagini prive di didascalia oppure, se l'hanno, levategliela e provate a dare voi una, due, dieci interpretazioni differenti {☞ **Fotoromanzo**}.

Un'applicazione pratica di questo meccanismo la dava Natalino Balasso, nelle sue prime apparizioni televisive, alle prese con una diversa interpretazione dei più comuni cartelli stradali.

Se invece volete avere rimandi letterari vi consigliamo di leggere, ad esempio, il testo teatrale di Achille Campanile *La lettera di Ramesse*[4], in cui una diversa interpretazione di immagini (in questo caso, geroglifici) serve come pretesto per creare un equivoco di comprensione tra un antico amante che scrive una lettera e la sua bella che la riceve e, in seguito, dell'archeologo che la ritrova.

Fase 3: Spostare il punto di osservazione sugli oggetti reali
Adesso è finalmente arrivato il momento di dedicarvi a qualcosa di più tangibile: dopo aver dato la vostra personale interpretazione a semplici figure geometriche, reinventando il loro significato e dandone un diverso carattere, provate a fare lo stesso con le cose.

---

[4] Atto unico contenuto nella raccolta *L'inventore del Cavallo*, Rizzoli, Milano 2002.

Lezioni di comicità

Cercate oggetti di uso comune, per esempio una bottiglia, una lampada, un aspirapolvere, un ferro da stiro, un accendino, un libro. Per ognuno di loro, sempre tenendo presenti le loro caratteristiche – forma, peso, colore, materiale di cui sono fatti –, cercate di trovare quanti più usi possibili, differenti da quello abituale. Studiate bene l'oggetto e non cercate di dargli funzionamento e utilità che non siano già, in qualche modo, potenzialmente compresi nelle loro caratteristiche fisiche.
Esempio: Chi lo dice che è una bottiglia? In realtà potrebbe benissimo essere una piccola mazza da baseball trasparente, un grande birillo da bowling oppure, perché no, se riempita a metà d'acqua, un particolare tipo di maracas. E il ferro da stiro? Per quale motivo non potrebbe essere un comodo pesta carne, se appoggiato sulla parte posteriore, un porta fotografie oppure, con il suo bel filo attaccato, un misuratore di profondità dell'acqua?
Naturalmente potrete azzardare qualcosa di più. Sappiate che, in questa fase, nessuno vi vede, non siete ancora di fronte a un pubblico. E allora osate, senza timore.

Fase 4: Spostare il punto di osservazione sulle parole
Usciamo dal pratico e alleniamoci a spostare il nostro punto di osservazione su altro: prendiamocela ad esempio con le parole.
In questo caso vi chiediamo di trasformarvi in un autore di dizionari aggiornati della lingua italiana.
Scegliete una parola a caso e cercate di darle un nuovo significato o, meglio, di trovare un significato già nascosto tra le lettere che la compongono. Nel darle un significato diverso, cercate di non aggiungere né togliere nulla ma di basarvi esclusivamente su ciò che già è contenuto nella parola originale.
Costringetevi a mantenere uno stile e un linguaggio tecnico, rifacendovi proprio a quello tipico dei dizionari.
Sappiate che, sebbene con alcune l'esercizio risulti più semplice, è possibile allenarsi con qualsiasi parola. Noi ne diamo un esempio scegliendo parole di ambito teatrale nello schema della pagina successiva.
Un altro esempio di questa tecnica ce lo fornisce Bruno Gambarotta quando si diverte a dare nuovi e convincenti interpretazioni delle norme e della più comune terminologia del diritto italiano:

> Codicillo: Il Codicillo è un piccolo Codice che contiene le piccole norme – o normine – che disciplinano i reati commessi dai bambini.
> Depenalizzazione: La Depenalizzazione è il risultato della sentenza con la quale si autorizza il cambio anagrafico di un transessuale che prima risultava di sesso maschile e ora, dopo una operazione, è a tutti gli effetti di sesso femminile.

Rigore della Legge: I rappresentanti del collegio giudicante da una parte e dall'altra quelli del collegio della difesa nominano ciascuno un rappresentante che tiri i Rigori della Legge e che viene chiamato il Rigorista. E che vinca il migliore.[5]

Recitazione	Durante il regno dei Savoia, era uso, tra la nobiltà, rinforzare un'opinione personale con frasi che si riteneva fossero state pronunciate dal Re in persona (Re-citare). Tale autorevole riferimento non consentiva replica. In seguito, per l'incontrollata diffusione che ebbe anche tra le classi inferiori, tale pratica fu bandita per Regio Decreto. Dal 1902 è di fatto vietato citare il Re per avvalorare tesi proprie.
Interpretazione	Dicesi interpretazione (dall'antico lombardo Inter pret'azione) una particolare e complicata liturgia del rito ambrosiano attraverso la quale alcuni sacerdoti solevano un tempo propiziare la vittoria della squadra nerazzurra meneghina.
Personaggio	Parola derivante dall'antica esclamazione "Non ho perso!", solitamente pronunciata in dialetto ("n'aggio perso" o "perso n'aggio") dai candidati napoletani di qualunque schieramento, dopo qualsiasi consultazione elettorale. Ancora oggi molto diffusa.

Fase 5: Spostare il punto di osservazione sulle situazioni
Veniamo ora alle situazioni, più difficili perché nulla di fisico e di visivo ci dà una mano. Pensiamo allora ad alcune situazioni tipiche che accadono nella vita di tutti i giorni e proviamo a osservarle da un punto di vista diverso, anche diametralmente opposto. Funziona meglio se le situazioni proposte non sono neutre, bensì contengono una minima componente negativa o positiva.
Tenete presente che non stiamo parlando di avere un atteggiamento negativo o positivo e neppure di essere ottimisti o pessimisti. L'umorismo agisce su un altro piano, spostando lo sguardo e osservando la

---

[5] Bruno Gambarotta, *Enciclopedia comica del diritto*, Panini, Bologna 1996.

situazione da un altro lato: attraverso lo sguardo umoristico la situazione va vista come positiva proprio per gli stessi motivi che la rendono negativa, e viceversa. Forzate l'interpretazione e non preoccupatevi del fatto che siano consolatorie o irreali, in questo momento ci stiamo solo allenando.
Esempio:

È più di quaranta minuti che attendo al freddo, sotto la pioggia... e mia moglie non sta ancora arrivando.	Benissimo, oggi partirò con un credito nei suoi confronti e potrò fare e dire ciò che voglio per almeno mezz'ora.
Ho speso una cifra assurda per un computer di seconda mano... e ora non funziona!	Stupendo, ho contribuito a far circolare denaro, ho evitato lo smaltimento non corretto di materiale elettronico e, per oggi, senza computer, potrò dedicarmi ad altro senza sentirmi in colpa.
Dopo anni di corte serrata, sono finalmente riuscito a conquistare la donna dei miei sogni.	Maledizione, ora non potrò più provare l'impagabile emozione del corteggiamento!

Fase 6: Spostare il punto di osservazione sulle idee
Ancora più complesso sarà spostare il proprio punto di osservazione su idee astratte, convinzioni, ideali e opinioni. Anche in questo caso, scrivete liberamente, senza badare all'assurdità di ciò che ne può uscire.
Esempio:

È ora di dire basta alle mafie, allo spaccio di droga, alla corruzione, al riciclaggio di denaro sporco.	Accidenti però, porre fine alla malavita organizzata significa rischiare di lasciare a casa gran parte delle forze dell'ordine.
In questi tempi di crisi la cosa più salutare è imparare a risparmiare su tutto e a moderare gli acquisti.	Certo che una diminuzione delle spese provocherà una riduzione del PIL e una conseguente fase di recessione.
Il cambiamento... è vita!	Mai lasciare la strada vecchia per quella nuova!

Fase 7: Spostare il punto di osservazione su voi stessi
Ora la fase più delicata di questo primo esercizio, il primo che inizia ad avvicinarsi a ciò che comunemente chiamiamo "autoironia". Si tratta di individuare alcuni difetti che ci sono propri e, anche in questo caso, di provare a osservarli da un diverso punto di osservazione.

Esempio:	
Sono molto permaloso.	Me la prendo sempre un po' quando ricevo critiche di qualsiasi genere, questo dimostra la mia grande sensibilità.
Ho poca memoria.	La mia inestimabile fortuna deriva dal fatto che dimentico in fretta le emozioni negative e non mi faccio dominare da rancori e ricordi penosi.
Ho difficoltà a organizzarmi nella vita come nel lavoro.	Amo lasciarmi sorprendere sempre, ciò rende le mie giornate avvincenti e imprevedibili.

L'evoluzione di questo tipo di allenamento sul riposizionamento umorisico è quello che porta a creare, ad esempio, le considerazioni di Corrado Guzzanti (in veste di giornalista televisivo) sul personaggio inventato di Scafroglia {☞ **Il caso Scafroglia**}. In questi monologhi il comico romano descrive esattamente i fatti e i motivi secondo i quali, a suo avviso, Silvio Berlusconi andrebbe criticato, offrendo però degli stessi un'interpretazione del tutto riposizionata. Esordisce dicendo: «Questo è un paese in cui nessuno ti prende sul serio, in cui qualsiasi cosa fai sei un buffone», quindi prosegue «il nostro presidente del consiglio si ammazza di lavoro, ha un piano preciso per fare a pezzi la democrazia e lo sta perseguendo punto per punto. E noi siamo sempre lì a criticarlo per la gaffe».

Un altro esempio è quello di Paolo Hendel che, attraverso il personaggio di Carcarlo Pravettoni, imprenditore e politico, si rivolge al popolo del Circo Massimo: «Voglio salutare Roma, la bella città di Roma» poi, guardandosi intorno, continua «vedo questi ruderi qui, è una vergogna!». A proposito delle grandi opere: «Distribuire appalti su appalti alla mafia... ma no! C'è anche la camorra, la 'ndrangheta!». Oppure quando, sempre nei panni di Pravettoni, si rivolge ai disoccupati con queste parole: «Fortunati voi disoccupati! Avete tantissimo tempo a vostra disposizione, e allora andate, viaggiate, girate il mondo, divertitevi. Come dite? Non avete soldi? Beh ma non siete mai contenti eh... non potete mica avere tutto voi dalla vita» {☞ **Pravettoni al Circo Massimo**}.

Esericizi sul linguaggio, da eseguire in coppia
✦ L'incongruo riportato a logica

Questo è un esercizio che possiamo anche chiamare "delle risposte incongrue" ed è suddiviso in quattro fasi: le prime tre di improvvisazione e l'ultima che dovrete invece preparare.

Fase 1: Abbinamento casuale di domande e risposte
La prima fase è molto semplice: si tratta di combinare domande e risposte a caso, quindi di proporre risposte a domande già esistenti.
Prendete dieci foglietti (tipo post-it) e scrivete una domanda su ognuno di essi, senza mostrarle al partner di allena mento. Cercate di scrivere domande più aperte possibili, evitando cose tipo "Come si chiama...?", "Quanti anni ha...?" oppure "Di che colore è...?" e formulatene cinque in modo che la risposta possa essere un'azione (che cosa bisogna fare...) e cinque in modo che la risposta possa essere un'affermazione (che cosa bisogna dire...).
Esempio: Domanda azione: «Che cosa bisogna assolutamente fare la prima notte di nozze?».
Esempio: Domanda affermazione: «Che cosa bisogna dire quando siete fermati a un posto di blocco?».
Anche il vostro partner di allenamento prenderà dieci foglietti ma scriverà su ognuno di essi cinque azioni e cinque affermazioni, anche in questo caso senza mostrarvele.
Esempio: Risposta azione: «Bagnare i fiori con un innaffiatoio verde».
Esempio: Risposta affermazione: «Penso che la meta migliore per un week-end sia la montagna!».
Ora combinate le cinque domande con le cinque risposte di azione e fate lo stesso con quelle di affermazione. Scoprirete collegamenti inediti e possibilità inusuali e vi renderete conto che tutto è possibile e che gli abbinamenti casuali, apparentemente incongrui, hanno in realtà una possibilità logica.

Fase 2: Inversione di domanda e risposta
Ora abbandonate foglietti e pennarelli e mettetevi l'uno di fronte all'altro. Questa volta si tratta non più di abbinare domande e risposte scritte a caso in precedenza, ma di formulare domande e dare risposte direttamente al compagno di allenamento. Anzi, per essere più precisi, si tratterà di formulare risposte alle quali dare domande.
Chi inizia (A) *formulerà* diverse risposte, una dopo l'altra, a ognuna delle quali chi segue (B) *darà* domande. In questo caso siete liberi di formulare le risposte che volete, di qualsiasi tipo e chi domanderà, dovrà trovare la domanda più adatta a ogni risposta. Vedrete nascere il congruo dall'incongruo anche senza volerlo, poiché per ogni risposta potrete fare la domanda che vorrete, purché resti nell'ambito del possibile.
Un'avvertenza: cercate di non dare la risposta più ovvia, cioè quella che vi sembra più logica e intuitiva ma lavorateci un po' sopra. B dovrà dare più domande alla medesima risposta, fino a che A non si riterrà soddisfatto della domanda. La soddisfazione si giudicherà in base alla

comicità generata dall'abbinamento risposta/domanda. In altre parole, A potrà ritenersi soddisfatto quando il risultato provocherà la risata di entrambi.
Esempio:
Risposta: «Solo se si prendono le giuste precauzioni».
Domanda a): «È possibile fare sesso con gli sconosciuti?».
Domanda b): «È consigliabile compiere una rapina in banca quando si ha bisogno di soldi?».
Domanda c): «È facile uccidere persone?».

Fase 3: Domande dissociate e ri-associate
Alleniamoci ora a dissociare la risposta dalla domanda e viceversa, ricollocando entrambe in seconda battuta. Non allarmatevi, è più facile a farsi che a dirsi.
Funziona così:
A e B si trovano, ancora una volta, uno di fronte all'altro. A formula la sua prima domanda, ad esempio "Ti va di venire, domani, a cena con noi?", e B dà una prima risposta, ad esempio "All'incirca trentasette", che, come avrete notato, non soddisfa in alcun modo la domanda posta da A. Nessun senso, vero? Ma aspettate che l'esercizio si evolva.
A questo punto, infatti, A dovrà formulare la sua seconda domanda affinché possa essere soddisfatta la prima risposta di B ("All'incirca trentasette"), quindi, ad esempio chiederà, "Secondo te quanti anni ha la sorella di Fiorenzo?". B invece, ottenuta la domanda alla sua prima risposta, potrà concludere con la sua seconda risposta, che invece soddisferà la prima domanda di A, ad esempio "No, perché mi sono messo a dieta".
Facciamo un esempio dell'esercizio completo, sviluppandolo in uno schema che lo rende più chiaro.
Esempio:

A	B
Domanda 1 "Ma come hai fatto a laurearti così presto?"	Risposta 1 "Intingendolo nell'olio!"
Domanda 2 (rif. Risposta 1) "Come ti piacerebbe mangiare un ravanello?"	Risposta 2 (rif. Domanda 1) "Con ferrea disciplina ed evitando distrazioni."

Fase 4: La risposta più spiazzante
L'ultimo passaggio per completare questo secondo esercizio è sempre basato sulle domande e sulle risposte ma, ora che siete un po' allenati, possiamo passare alla fase che mette più in gioco la vostra creatività.

Sempre in coppia con il vostro compagno/a di allenamento, provate adesso a invertire i fattori, cercando di fare in modo che il risultato non cambi: A porrà le domande e B darà la risposta più originale e inaspettata (non quella più logica e consequenziale, quindi).
Anche in questo caso, A si farà dare più di una risposta per ogni domanda, ritenendosi soddisfatto solo quando l'incongruenza congrua tra domanda e risposta genererà comicità.
La risata che ne scaturisce sarà sempre un buon metro di giudizio.

✦ Deformazione controllata del linguaggio
Il dialogo deformato consiste in una conversazione a due (i nostri soliti A e B) che si attua imponendosi alcuni limiti che contrastino con le norme, vale a dire inventandosi e imponendosi regole nuove e limitanti, che vadano contro le regole del parlare corretto. Prendiamo ad esempio un breve dialogo e vediamo come e in quanti modi possiamo deformarlo:
«Ciao, come stai?».
«Bene, grazie... e tu?».
«Non c'è male. Ma tu lo sai che mi sono sposato?».
«No... ma dici sul serio? Non ci posso credere. Io non sapevo niente, nessuno mi ha detto nulla!».

Adesso proviamo a ripeterlo, parlando normalmente ma imponendoci la regola di *cambiare i tempi di tutti i verbi*: per esempio, dove sarebbe corretto utilizzare il passato, usiamo il gerundio, quando sarebbe obbligatorio un verbo al futuro, usiamo il condizionale oppure quando si richiede l'infinito, usiamo il congiuntivo. O viceversa, naturalmente. Nello specifico potrebbe venire fuori una cosa simile:
«Ciao, come *starai*?».
«Bene, grazie... e tu?».
«Non *c'era* male. Ma tu lo *sapessi* che mi *sarò sposato*?».
«No... ma *dirai* sul serio? Non ci *stavo potendo credere*. Io non *sapendo*».

Ora invece provate a dialogare imponendovi la regola di *cambiare una lettera per ogni parola* che pronunciate. Per rendervi la vita più facile, lasciate invariate le parole di una lettera:
«Cia*u*, c*a*me st*o*i?».
«Be*d*e, gra*p*ie... e *z*u?».
«*S*on c'è mal*t*. M*m* tr *l*i sa*v* c*l*e *a*i s*o*go spo*r*ato?».
«*D*o... m*u l*ici *p*ul se*s*io? *B*on *v*i *c*osso cre*d*i re. *K*o n*y*n sa*t*evo nien*f*e!».

Provate anche a *trasformare tutti i singolari in plurali* e viceversa:
«Ciao, come *state*?».
«*Beni, grazia...* e *voi*?».

«Non *ci sono mali*. Ma *voi* lo *sapete* che *ci siamo sposati?*».
«No... ma *dite sui seri*? Non *ci possiamo* credere. *Noi* non *sapevamo* niente!».

Provate poi a *togliere la prima e l'ultima lettera di ogni parola*. Anche in questo caso, naturalmente, lasciate illese tutte le parole di una o due lettere:
«Ia, om ta?».
«En, razi... e tu?».
«O c'è al. Ma tu lo apev h mi on posat?».
«No... ma ic u er? O ci oss reder. Io o apev ient!».

Provate quindi a dialogare *invertendo l'ordine delle parole* all'interno della frase:
«Stai, ciao come?».
«E, bene... tu grazie?».
«C'è male non. Sono tu lo ma sposato sai mi che?».
«Sul... ma serio dici no? Posso ci non credere. Io nessuno sapevo, detto mi niente ha nulla non!».

Provate infine a dividervi i ruoli con il vostro interlocutore miscelando le deformazioni: A cambierà i tempi di tutti i verbi dialogando con B che, nel frattempo, trasformerà tutti i plurali in singolari, oppure A toglierà prima e ultima lettera di ogni parola mentre B modificherà l'ordine delle parole. Cercate di concentrarvi su ogni parola che pronunciate, l'unico modo per eseguire correttamente questo esercizio, e date il giusto valore a ognuna di esse.

✦ Ascolto e sconnessione di senso

Restando nell'ambito delle domande e delle risposte, sottoponiamo ora la nostra intelligenza a una prova: non restare legata al senso. La nostra mente è strutturata per esprimersi, attraverso la parola, in modo che il senso di quanto diciamo (se non obnubilati dai fumi dell'alcool) sia sempre mantenuto. In un dialogo tra persone, chi pone domande, lo fa (o, in genere, dovrebbe farlo) per avere risposte che lo soddisfino e, nella consequenzialità di domande e risposte, per avere un quadro il più possibile chiaro di una data situazione, dell'idea o dell'opinione di un interlocutore. Le domande, in questo caso, seguono uno schema abbastanza preciso. Se, per esempio, vogliamo sapere di più della persona con cui stiamo parlando, porremo domande del tipo: "Come ti chiami?" e "Quanti anni hai?" e "Di dove sei?" e "Di che cosa ti occupi?" ecc. Se invece volessimo conoscere come sono andati determinati fatti, formuleremo domande precise quali: "Dove eravate?" e "Lei cos'ha detto?" e "Poi com'è finita?" ecc. Come vedete, ogni domanda è riferita

in qualche modo alla precedente, in una sequenza che mira a raggiungere l'obiettivo di conoscere una determinata cosa, fatto o persona. Sempre con un partner di allenamento, proviamo allora a porre queste domande: A porrà sempre domande e B darà sempre risposte.
Facciamolo però molto velocemente, ponendo domande brevi e ottenendo risposte altrettanto brevi, in modo tale che tra la domanda, la conseguente risposta e la successiva domanda non passi mai più di un secondo. Le risposte di B dovranno comunque essere un minimo articolate, quindi si eviterà di rispondere "no", "sì" o loro equivalenti ("magari", "forse", "mai", "sempre" ecc…).
Se eseguite l'esercizio a velocità sostenuta, noterete presto che la cosa più difficile non è rispondere ma domandare. A poco a poco, resterete senza domande possibili, non vi verrà più in mente nulla.
C'è un motivo per cui ciò accade e va ricercato proprio nella premessa a questo esercizio. Quando domandiamo, lo facciamo cercando di tenere sempre il timone della conversazione, affinché l'obiettivo che ci siamo posti a inizio conversazione non sfugga. Se, per esempio, intendiamo conoscere un interlocutore, porremo lui sempre domande finalizzate allo scopo, esaurendole ben presto. Se invece, con l'illusione di facilitarci la cosa, partiamo senza obiettivi, allora porremo le domande più disparate, saltando senza senso magari da "Ti piace più il mare o la montagna" a "In che anno è stata scoperta l'America?", da "Dove abiti?" a "Come si cucinano le melanzane all'alsaziana?".
Ma sarà un'illusione di brevissima durata, perché dopo poco resteremo ugualmente senza domande, anzi, con un'unica domanda: "E ora cosa gli chiedo?".
Invece proviamo a fare come i bambini e imponiamoci di chiedere per il semplice piacere di farlo. Le domande che poniamo, in questo caso non hanno alcun obiettivo preciso, non seguono uno schema ma spaziano in libertà, agganciandosi semplicemente all'ultima risposta ottenuta o a una parte di essa.
Ecco un esempio:
(Domanda personale) «Come ti chiami?».
«Matteo».
(Agganciandosi a questo nome) «Ma Matteo era uno dei quattro evangelisti?».
«Sì, il primo».
(Agg. alla parola "primo") "Ti piace essere il primo nelle cose che fai?".
«Non sempre, a volte l'importante è partecipare».
(Agg. a "importante") «Quali sono le cose più importanti per te?».
«Beh, la salute, l'amore e i soldi».
(Agg. a "soldi") «Hai dei soldi da prestarmi?».

«Purtroppo sono senza contanti... ho solo la carta di credito».
(Agg. a "carta di credito") «Ma usi più spesso la carta di credito o il bancomat?».
«La carta, perché posso spendere e pagare il mese successivo».
(Agg. a "mese") «Qual è il tuo mese preferito?».
Ecc...

Notate che chi domanda non ha un obiettivo preciso ma si basa esclusivamente sull'ultima risposta ottenuta per rilanciare una nuova domanda. Questo esercizio, oltre ad allenare l'elasticità mentale, si basa su tre fondamentali condizioni, utili a sviluppare e regolare il proprio senso dell'umorismo:

1) l'ascolto attento dell'interlocutore, poiché non è possibile fare una domanda senza avere ascoltato attentamente le sue risposte;
2) l'abbandono del pensiero logico, che è automaticamente riconosciuto come unica arma per intavolare una discussione ma che spesso ostacola l'azione del pensiero umoristico;
3) la fiducia nell'interlocutore, unico vero conduttore a cui occorre rifarsi per stabilire un rapporto dialettico.

✦ Ascolto e presunzione di senso

L'esercizio che eseguiamo ora si basa sempre sull'ascolto ma, a differenza del precedente, ha come condizione base la presunzione di senso di chi ascolta nei confronti di chi parla.
Secondo il filosofo Henri Bergson:

> Si ottiene un effetto comico ogni qual volta si finge di intendere un'espressione nel senso proprio, quando essa era impiegata in senso figurato. Ovvero ancora: Se la nostra attenzione si concentra sulla materialità d'una metafora, l'idea espressa diventa comica.[6]

Si sa che il linguaggio si basa spesso su metafore e allegorie per esprimere meglio fatti, idee e concetti. Parlando, usiamo molto spesso frasi, parole e modi di dire che diventano chiari solo perché chi ascolta non accetta letteralmente ciò che diciamo ma contestualizza il nostro dire nel discorso che si sta facendo.
Ecco, ciò che avete appena letto, per esempio, funziona solo perché le parole "usiamo", "molto spesso", "chiari" e "facendo" sono state contestualizzate in modo, possiamo dire, collaborativo.
Leggendo quanto abbiamo scritto, avete collaborato con noi per arrivare al senso finale della frase. Nessuno di voi si è sognato di pensare

---

[6] Henri Bergson, *Il Riso*, Laterza, Roma-Bari 1993.

che, dicendo "usiamo", intendessimo la medesima cosa che si fa con un oggetto (utensile, strumento o elettrodomestico), altrimenti avreste potuto chiederci, ad esempio, se la frase fosse stata difficile da usare o se si fosse per caso consumata dopo l'uso. Nemmeno avete pensato che, con quel "molto spesso", volessimo intendere qualcosa di "non certo sottile". E, ancora, siamo certi che nessuno abbia inteso la parola "chiari" come opposto di "scuri", "nel" come sinonimo di "dentro" e "facendo" come sinonimo di "costruendo" (con tanto di calce e mattoni). Se così fosse stato, avreste potuto chiederci: "Ma quanto spesso… dieci centimetri… venti centimetri?" oppure "Ma perché chiari… abbiamo acceso la luce?" o, ancora, "Ma c'è così tanto spazio dentro 'sto discorso?" o, infine, "Ma è difficile da fare… e con che materiale è fatto… e ci vogliono le istruzioni?".

Veniamo ora all'esercizio, da eseguire sempre in coppia oppure, ancora meglio, con il gruppo di lavoro. Questa volta solo A parlerà mediante un monologo improvvisato, mentre B, C, D e altri partner di allenamento si limiteranno ogni tanto a fare domande.

Lo scopo dell'esercizio è proprio quello di non consentire ad A di seguire un filo logico deciso ma, come nell'esercizio precedente, di adattarsi e di rispondere sempre e subito alle domande del pubblico. Queste ultime però, saranno esclusivamente generate da una totale mancanza di collaborazione del gruppo con il linguaggio espresso da A rispetto alle metafore da lui usate.

A dovrà obbligatoriamente rispondere a ogni domanda precisa, cambiando il proprio monologo e adattandosi a tutte le richieste di spiegazione e di approfondimento del gruppo, che lo indirizzeranno inevitabilmente verso una direzione nuova e sempre diversa.

Esempio:

A (Vuole parlare di se stesso): «Salve, *volevo* parlarvi della mia esperienza lavorativa…».

B (Intendendo letteralmente la parola "volevo", volta al passato): «Ma quando volevi parlarcene, tempo fa?».

A (Seguendo la richiesta di B): «Sì, volevo parlarvene l'anno scorso, ma poi ho *cambiato* idea, e ho deciso…».

B (Intendendo letteralmente "cambiato"): «Ah, l'hai cambiata… e dove si possono cambiare le idee, c'è un negozio apposta?».

A (Assecondando B): «Sì, ci sono negozi apposta per cambiare idee: tu vai lì, dai dentro l'idea vecchia e te la cambiano con una nuova. Ne hanno appena *aperto* uno proprio qui vicino…».

B: «Accidenti, e come l'hanno aperto… c'è uno strumento apposito?».

A: «Sì, esiste l'apri-negozi. Tu prendi un negozio, gli infili dentro lo strumento, poi giri una rotella e il negozio si apre. *Niente di più facile…*».

B: «Ma dai, proprio niente? Cioè, è la cosa più facile del mondo?».
A: «Certo, non esistono cose più facili da fare. Addirittura istintiva, più facile di respirare. Lo sappiamo fare tutti appena *veniamo alla luce...*».
B: «Ah, quindi prima eravamo al buio! E non si può fare al buio?».
A: «No, al buio non si può fare, bisogna *accendere* la luce...».
Ecc...

Questa tecnica è stata molto usata nella comicità di tutti tempi, in tutte le culture e con ogni mezzo (cinema, teatro, cabaret, fumetto), anche se ha il limite di non riuscire sempre a superare la barriera linguistica. In Italia sono famosi gli equivoci di presunzione di senso in cui cade Totò nei suoi film {☞ **Totò e gli equivoci di senso**}, nel dialogo come nella semplice esclamazione: «Jago mise una pulce nell'orecchio a Otello... ma sono scherzi che si fanno? Mettere la pulce nell'orecchio a un signore, a un galantuomo. Può essere pericoloso, la pulce può forare il timpano, passa per la tromba di Eustachio e arriva al cervello». Oppure: «Si fanno troppi piani e, un piano dopo l'altro, sapete dove si arriva? All'attico».

Più recentemente, la tecnica è spesso utilizzata da Ale e Franz, nei loro sketch "della panchina" {☞ **La panchina**}. Per il duo comico milanese è l'occasione di giocare, oltre che sulla metafora, anche sul modo di dire, sul luogo comune e sulla stessa ironia. In questo caso la mancata collaborazione tra i due personaggi inizia da subito, quando il primo, ad esempio, entrando in scena, si rivolge al secondo, seduto da solo su una panchina, generando questo scambio di battute:

A: «Scusi, è libero?».
F: «Eh, no. C'è seduto l'uomo invisibile». (Ironia, modo di dire.)
A: «Allora cerco un'altra panchina». (Se ne va.)
F: (Richiamandolo stupito) «È libero, non lo vede?».
A: «Come faccio a vederlo... è invisibile!».
F: «Non c'è nessuno».
A: «Ahh... s'è alzato l'uomo invisibile!».

Nel caso di Ale e Franz, la presunzione di senso da parte di uno scatta rispetto all'ironia utilizzata dall'altro. Unendo, come fanno loro, la tecnica della presunzione e quella di sconnessione di senso a un'interferenza persistente di relazione, si possono ottenere dialoghi la cui comicità si colora di assurdo.

Stessa tecnica è talvolta usata nei personaggi letterari o dei fumetti. Andate per esempio a vedervi il personaggio del poliziotto Jenkins, nelle storie di *Dylan Dog*, oppure quello dell'ispettore Lanza, nei gialli di Gianni Biondillo, la cui assoluta mancanza di collaborazione nel linguaggio genera comicità proprio perché essi non capiscono (o non vogliono capire, la cosa è talvolta dubbia) le metafore e i modi di dire ironici dei personaggi che li circondano[7].

✦ <u>Allenamento sul campo semantico</u>
Il quinto e ultimo esercizio che proponiamo si basa sempre sulla relazione pubblico/attore monologante ma, in questo caso, non si tratterà per quest'ultimo di adattarsi a domande dirette, bensì di farsi condizionare da semplici suggerimenti.
Per eseguire l'esercizio in modo corretto occorre rifarci al concetto di campo semantico, dandone una semplice e brevissima spiegazione.
Il campo semantico di una parola è costituito da tutte le parole che, in qualche modo, si riferiscono a questa. Ad esempio la parola "sedia" ha intorno a sé un campo semantico che può comprendere parole come "oggetto" (la sedia è un oggetto), "casa" (in casa si trovano sempre sedie) oppure "riposo" (ci si siede quando si è stanchi).
Naturalmente la limitazione del campo semantico di una parola può cambiare in base alle culture, le conoscenze, le esperienze o le abitudini di ognuno: se, mettiamo il caso, io non so cosa signifanchi la parola "oggetto", non potrò riferirla alla parola "sedia"; se invece nel paese in cui sono nato e vivo non è abitudine tenere sedie in casa, non potrò certo collegare le due cose; se, infine, utilizzo la sedia sempre e solo per lavorare, difficilmente riuscirò a cogliere la relazione tra questa e il riposo.
Potrebbe apparirvi strano non trovare l'accordo su una sedia, ce ne rendiamo conto, ma trovereste la cosa più plausibile se andassimo su parole dal significato maggiormente soggettivo e contraddittorio.
Se dico, ad esempio, la parola "astronauta", qualcuno potrebbe inserire nel suo campo semantico la parola "solitudine", qualcun altro "libertà" e altri ancora, magari, "ambizione". Tutto dipende anche dall'effetto che la parola ha su ognuno di noi.
Questo spiega, tra l'altro, perché è spesso più difficile condividere il nostro umorismo con persone che parlano la nostra stessa lingua, ma non hanno le medesime conoscenze, esperienze, abitudini o sensazioni. Tuttavia, se siamo fortunati, nella maggior parte dei casi il pubblico cui ci rivolgiamo condivide con noi la percezione del medesimo campo semantico appartenente alla maggior parte delle parole.
In ogni caso, con il nostro gruppo di lavoro dovremmo intenderci.
Proviamo allora a eseguire il nostro ultimo esercizio.
Ancora una volta facciamo salire sul palco l'amico A e gli chiediamo

---

[7] Gianni Biondillo, *Per cosa si uccide*, TEA, Milano 2006.

di improvvisare un monologo, di parlare cioè di qualcosa che conosce bene e che può consentirgli di proseguire senza sosta almeno per due/tre minuti: di presentarsi, di parlare del suo lavoro ecc...
Questa volta il pubblico composto da B, C, D e altri eventuali partner di allenamento non dovrà fare domande ma limitarsi a suggerire, ogni tanto, una singola parola. Potranno essere parole di qualsiasi genere, oggetti, animali, mestieri, persone, concetti astratti (da "sedia" a "pinguino", da "astronauta" a "Lucio Battisti", da "buddhismo" a "espansività").
Nel frattempo A continuerà senza esitare ma, proseguendo a parlare, dovrà far capire a tutto il pubblico che ha colto la parola suggerita e trovare il modo di inserirla nel monologo. Non dovrà però inserire la parola stessa ma qualsiasi altra che rientri nel suo campo semantico.
Esempio:
A: «Buonasera a tutti, io mi chiamo A, ho ventotto anni e mi occupo di impianti fotovoltaici. Lavoro da sette anni presso la Fotovolt S.p.A. e il mio compito è di montare impianti sui tetti dei clienti che lo richiedono. La mia zona di competenza...».
B (Suggerisce la parola...): «*Sedia*».
A (Proseguendo imperterrito) «... è il Piemonte. La mia ditta, infatti, ha sede in provincia di Torino, più precisamente a Ivrea, dove tra l'altro ho *la mia casa e vado a riposarmi quando sono un po' stanco*. Casa mia è molto accogliente e spaziosa, c'è il salotto, la stanza da letto e quella per gli ospiti, doppi servizi, studio e una grande cucina abitabile. L'ho comprata nel 1994, perché prima abitavo...».
C (Suggerisce...): «*Pinguino*».
A (Proseguendo) «... a Casale Monferrato. Beh, mi sono trasferito non solo per essere più vicino al lavoro ma anche perché Casale è una città *molto fredda, in certi giorni sembra di vivere sul ghiaccio da tanto la temperatura si abbassa*. Evidentemente ci sono escursioni termiche dovute ai venti che arrivano dal Monferrato...».
D: «*Astronauta*».
A «... che comunque, intendiamoci, è una bellissima zona, piena di verdi colline e di vigne, dove viene prodotto dell'ottimo vino. Certo, ogni tanto *mi sentivo un po' solo, quando andavo in giro a esplorare nuove terre* e gli antichi Borghi collinari. Però trovavo ristorantini dalla cucina tipica...».
E: «*Lucio Battisti*».
A «... dove amavo assaggiare i tartufi, accompagnandoli a un buon Barolo invecchiato e da canzoni d'amore. Non vi dico le *emozioni* che provavo nel gustare quei prodotti tipici. Fu lì che, in una *giornata uggiosa* incontrai una ragazza che somigliava tanto a *Francesca*... ma non era lei, purtroppo. Era un'altra donna, della quale mi innamorai lo

stesso. A lei non piaceva per niente il tartufo ma non disdegnava il Barolo. Così un giorno...».
F: «*Buddhismo*».
A: «... mentre giravamo insieme per le colline, decidemmo di *lasciare da parte l'appagamento dei sensi e di cercare il nostro equilibrio interiore attraverso la meditazione*. Ci amavamo così intensamente che decidemmo di mettere su famiglia, così cercammo casa insieme e...».
G: «*Espansività*».
A: «... la trovammo proprio a Ivrea. L'ambiente era totalmente diverso da quello di Casale Monferrato: la gente era *più cordiale e amichevole, tanto che ci facemmo subito tanti amici simpatici, che ci invitavano quasi ogni sera a feste e cene in compagnia*...».
Ecc...

Esericizi con il corpo, da eseguire in gruppo
Iniziamo adesso ad allenarci utilizzando il nostro corpo. Per farlo correttamente occorre essere in gruppo.
Lavorare in gruppo, come vedremo meglio nei prossimi capitoli, è fondamentale per sviluppare il nostro pensiero umoristico poiché l'allenamento collettivo consente il confronto immediato e continuo con altre persone, quindi la libera circolazione delle idee. Queste, provenendo da menti (quindi punti di osservazione) molteplici e differenti, aiutano l'elaborazione di un linguaggio comico condiviso e favoriscono la sua percezione.

◆ Richiesta e interpretazione di posizioni fisse
Per l'esecuzione del primo esercizio, restiamo ancora un attimo a coppie: come sempre avremo A (noi stessi) e B (il nostro partner di allenamento).
Fase 1: Richiesta e realizzazione fisica di postura
A e B si trovano in posizione eretta, uno di fronte all'altro. A chiede a B di disporsi in una posizione fissa e lo farà attraverso la declamazione di un titolo: dando cioè, in sintesi, la figura che vuole sia rappresentata da B.
A potrà richiedere a B l'esecuzione di un'immagine rappresentante uno stato d'animo, dicendo ad esempio "Tristezza", "Gioia" oppure "Paura", oppure qualcosa di astratto, come un colore, o di concreto, come un oggetto, un utensile o un macchinario. Potrà anche chiedere di rappresentare una persona, una situazione, dicendo ad esempio "Campione di pugilato" oppure "In mezzo al traffico" o, ancora, qualcosa di più preciso e complesso, che magari prevede la presenza simultanea di più oggetti, immagini, situazioni e/o persone, come ad esempio

"Guerra civile", "Olimpiadi di Londra" oppure "Mappa della metropolitana di New York".
B avrà uno/due secondi di tempo per eseguire la richiesta di A assumendo la postura a proprio avviso più adatta a rappresentare il titolo assegnato e restando in fermo immagine. Se A non si riterrà soddisfatto dalla realizzazione proposta da B, ripeterà il titolo e resterà in attesa di una seconda, terza, quarta proposta. Dopo alcune proposte, A, indipendentemente da ciò che ne è scaturito, cambierà titolo.
Dopo cinque/sei titoli, A e B cambiano ruolo.

Fase 2: Realizzazione di postura e interpretazione umoristica
Ora allarghiamo il nostro gruppo di allenamento: alle nostre vecchie conoscenze A e B aggiungiamo un terzo partner di allenamento: C.
A e B si pongono di fronte a C, questa volta, però, la sequenza prevede prima l'esecuzione di una postura quindi la sua interpretazione. Senza dover soddisfare alcuna richiesta di A e B, C improvviserà velocemente una postura qualsiasi, senza avere un'idea precisa di quale significato possa avere, restando in fermo immagine. Più la postura si presenta di non chiara interpretazione, più sarà efficace a stimolare la creatività umoristica di A e B. Saranno proprio loro, infatti, a dover interpretare la postura di C attraverso un titolo, come fosse una fotografia, una statua, un quadro esposto in un museo.
Ora sarà C a non cambiare posizione fino a quando non si sentirà soddisfatto delle interpretazioni fornite da A e B.
Importante: non si tratta di indovinare ciò che C aveva in testa ma di dare un'interpretazione che colpisca il suo immaginario.
L'interpretazione, quindi, non deve essere necessariamente logica, precisa od ovvia ma semplicemente possibile. Tutti e tre si renderanno conto di aver trovato un'interpretazione umoristicamente accettabile alla postura quando questa genererà, in almeno due di loro, risate apparentemente senza motivo.
In realtà l'osservazione umoristica di una postura nasce e si sviluppa da un processo che parte dal probabile e arriva al plausibile passando per il possibile. Quello che farà ridere A, B e C sarà proprio il fatto che ciò che inizialmente li sorprenderà e li spiazzerà, un attimo dopo, li porterà a ritenerlo possibile, la percezione che l'assurdo dell'interpretazione è comunque plausibile. Ridendo insieme, tra l'altro, avranno provato l'esperienza di percepire collettivamente il comico, allineando il loro senso dell'umorismo.
Lo stesso esercizio può essere fatto a gruppi di quattro persone, in cui A e B realizzano posture mentre C e il nuovo entrato D propongono interpretazioni. E viceversa.

Andate a vedervi, ad esempio, come trasformano questo esercizio in comicità scenica Andrea Ceccon ed Enrique Balbontin parlando di turismo ligure {☞ **Turismo in Liguria**}.

+ Pluri-interpretazioni di posture fisse
Per capire meglio come l'osservazione della realtà, quando si tratta di mettere alla prova la nostra fantasia umoristica, possa essere differente da persona a persona e come questi diversi punti di vista possano contribuire a creare interpretazioni addirittura antitetiche, veniamo ora all'esercizio del museo. L'esercizio è da fare in gruppo.
Dividiamo il gruppo in due.
Il primo sottogruppo lo disporremo in modo che ogni individuo possa isolarsi e assumere una postura statica nello spazio che abbiamo stabilito per il nostro allenamento. Potranno essere posture singole o di due/tre componenti. Il secondo sottogruppo invece lo divideremo in coppie e lo faremo nel frattempo uscire dalla stanza, in modo che non possa vedere le sistemazioni del primo.
Ciò che i componenti del gruppo 1 realizzeranno attraverso le loro posture sarà l'interno di un museo, in cui sono esposte alcune sculture di inestimabile valore. Naturalmente saranno posture libere e non avranno un particolare senso dato da chi le realizza: come abbiamo già detto, più le posture saranno difficili da interpretare, più offriranno possibilità di interpretazione umoristica da parte di chi le osserva.
Iniziamo.
La prima coppia (A e B) del gruppo 2 entra nella stanza/museo. A è la guida che introduce il visitatore B nelle stanze del museo. I due si soffermeranno qualche minuto di fronte alla prima statua, rappresentata dalla postura di uno/due componenti del gruppo 1. Nei pochi minuti di sosta A dovrà presentare a B la statua in questione, declamando subito il titolo, quindi perdendosi in alcuni brevi approfondimenti (la descrizione, l'autore, l'anno di realizzazione, il materiale usato ecc…). Al termine B, se lo desidera, potrà fare alcune domande. Terminata la presentazione della prima statua i due passeranno alla seconda, nel frattempo la seconda coppia del gruppo 2 (C e D) entrerà nella stanza e si avvicinerà alla prima statua, quella appena descritta dalla coppia precedente. E così via, una dopo l'altra, entreranno tutte le coppie del gruppo 2.
Interessantissimo sarà osservare quante e quali saranno le diverse interpretazioni date da ogni coppia per la stessa realizzazione plastica. Per ogni interpretazione si valuterà in seguito che cosa può avere stimolato il nostro umorismo e quali, di tutte le interpretazioni date, sia stata più comica.

Al termine dell'esercizio, naturalmente, si cambieranno i ruoli dei due gruppi.

◆ Interpretazione di posizioni fisse a sequenza

Ecco un ultimo esercizio di osservazione e interpretazione umoristica, che potremo eseguire in gruppi da quattro persone. A differenza degli altri, però, quest'ultimo esercizio partirà da un'improvvisazione, si svilupperà attraverso una rielaborazione e avrà una conclusione scenica. Dividiamo il nostro gruppo di allenamento in sottogruppi di quattro persone: A, B, C e D.

1° Step

A realizzerà la prima postura, esclamando a voce alta "Uno!". B si avvicinerà ad A e, esclamando a sua volta "Uno!", realizzerà la propria prima postura, diversa da quella di A ma in relazione a essa, dando vita a una postura composta. Lo stesso faranno C e D generando un quadro composto da quattro persone. Questa figura collettiva costituirà il primo quadro. Nell'immobilità degli altri tre, A si sposterà e cambierà posizione e, restando sempre, in qualche modo, in relazione con la postura collettiva restante, si immobilizzerà in una nuova postura declamando "Due!". Stessa cosa farà B, declamando sempre "Due!", poi C, quindi D. Insieme avranno realizzato il secondo quadro. Ora, sempre con la stessa prassi, realizzeranno insieme il terzo, il quarto e il quinto quadro. Al termine della preparazione avremo quindi un totale di venti posture (cinque a testa) e di cinque quadri. Il compito sarà ora di imparare a memoria la sequenza dei quadri, realizzandoli più volte, scomponendoli e ricomponendoli in modi diversi:

- partendo sempre da A, con la medesima successione adottata in fase di creazione;
- partendo da D e componendo ogni quadro al contrario;
- realizzando i quadri in sequenza casuale ma partendo sempre dalla postura di A e mantenendo la successione delle singole posture;
- realizzando i quadri prima in sequenza precisa poi casuale ma componendoli immediatamente al richiamo di ogni quadro da parte di A (es. A chiama "Uno!" e tutti si dispongono nel quadro 1, poi A chiama "Quattro!" e tutti si dispongono nel quadro 4).

Quando sono state imparate a memoria la sequenza dei quadri e la successione delle posture che li compongono, ogni gruppo dovrà rappresentare il risultato di fronte agli altri gruppi.

2° Step

Assimilato e imparato bene il tutto siamo pronti a esibirci di fronte a un pubblico che, questa volta (ma è pur sempre un buon inizio), sarà composto dalle nostre compagne e i nostri compagni di corso. Il compito sarà di ripetere esattamente la successione di posizioni e la sequenza dei quadri sostituendo però la declamazione di ogni numero con quella di versi, parole o brevi frasi che, in qualche modo, possano avere a che fare con le singole posizioni e lo sviluppo consequenziale dei quadri, inquadrando loro in una logica drammaturgica. Ognuno potrà dare voce a un diverso personaggio, usando la prima persona, oppure essere la didascalia, il narratore o la voce fuori campo di questa breve storia improvvisata. Naturalmente, essendo le frasi improvvisate, non potremo pretendere che questo secondo step ci consenta di realizzare un capolavoro espressivo. Potremmo invece quasi riuscirci con il 3° e il 4° step che, nonostante siano solo allenamenti, inizieranno a farci scoprire l'ebbrezza di far ridere un pubblico.

3° Step
Dopo che ogni gruppo ha dimostrato agli altri che cosa è stato in grado di produrre recitando all'improvviso, si potrà passare alla terza fase dell'esercizio: scrivere una storia basata strettamente sulle posture e sui quadri già rappresentati e già visti. Questa volta ci concediamo dieci/quindici minuti di tempo per dare un senso più chiaro e completo alla nostra storia. Lo faremo andando a sostituire le frasi prima improvvisate con frasi precise, adatte a ogni posizione, a ogni quadro e alla storia stessa. In altre parole sviluppiamo una storia completa mantenendo inalterati ogni quadro e ogni postura. Tenente presente che le frasi dovranno essere brevi, comunque non più lunghe del tempo che ognuno impiega per passare da una posizione fissa a quella successiva. Come abbiamo detto le posizioni saranno in totale venti e i quadri cinque, che rappresenteranno:

1) premessa (inquadratura dell'ambiente in cui si svolge la storia e/o presentazione dei personaggi);
2) inizio della storia (partenza, prime situazioni che preparano a ciò che accadrà);
3) sviluppo della storia (il fatto in sé, il cuore dell'avvenimento);
4) conclusione della storia (com'è andata a finire, come tutto si è concluso);
5) morale (l'insegnamento che se ne può trarre).

Ora non ci resta che rappresentare ancora la nostra sequenza, dando però a ogni postura e a ogni quadro un significato il più possibile chiaro e contestualizzando il tutto in una storia precisa.

4° Step
Quando abbiamo dato a tutto un senso condiviso, trovando il giusto

> significato a ogni immagine e a ogni azione e inserendole in una minima ossatura drammaturgica, proviamo a cambiare prospettiva, come abbiamo imparato a fare nei primi esercizi, e a spostare il nostro punto di osservazione. Ripetendo esattamente, ancora una volta, le stesse venti posture e gli stessi cinque quadri, proviamo a cambiare del tutto il loro senso, proponendo una storia completamente diversa. Potremo proporre i titoli, gli argomenti, le ambientazioni e le situazioni più disparate, per esempio: Hokuzai – Una bellissima storia di amore omosessuale nell'antico Giappone, Il misterioso castello dei mostri maledetti oppure Il lavoro interinale nel 2013: sfruttamento od opportunità? ecc. o, magari, potremo decidere di parodiare una storia conosciuta, un libro, un film.

PORSI UN OBIETTIVO PRECISO, STABILIRE UN PERCORSO LINEARE E CREARE UN'INTERFERENZA

> *Ho rotto con il mio ragazzo.*
> *Voleva sposarsi... e io non volevo che lo facesse!*
> Rita Rudner[8]

Tutto ciò che abbiamo fatto finora, ad altro non è servito che a provocare, mettere alla prova e allenare il nostro pensiero umoristico. Abbiamo lavorato sul cambio del punto di osservazione e sulla capacità di trasgressione controllata attraverso la parola.

Ora ci potremmo trovare un po' disorientati nello spazio aperto delle possibilità che il nostro senso dell'umorismo può percepire ed esprimere. Certo, lo sguardo originale sulla realtà, la trasgressione delle regole e il conseguente spiazzamento che possono provocare sono alla base dell'umorismo, ma non bastano da soli a generare qualcosa di comico. Anzi, talvolta la trasgressione e l'originalità di vedute, se non condivise, possono essere scambiate per eccentricità, se non per pura follia.

L'autore o l'attore comico, ovviamente, non possono permettersi che il lettore o lo spettatore percepiscano ciò che è scritto o rappresentato come qualcosa di folle, completamente scollegato da ogni logica. Essi devono quindi creare e seguire un percorso comunque coerente, che possa essere seguito anche da chi legge o assiste. Solo così avranno la possibilità di condurre il proprio pubblico attraverso le trasgressioni alle regole e i punti di vista spiazzanti, senza danno, riportandolo sano e salvo al punto esatto in cui intendeva portarlo.

---

[8] Rita Rudner, autrice e attrice comica statunitense.

Permetteteci di dire che il comico e il pazzo incuriosiscono perché vanno nella stessa direzione ma, mentre il secondo, in genere, non torna indietro e si perde nel proprio immaginario, senza condividerlo con nessuno, il primo riesce sempre a tornare in qualche modo al punto di partenza. Ma dopo aver compiuto questo percorso insieme al suo pubblico, il comico ci dimostra come il punto da cui eravamo partiti era un po' diverso da come ce lo eravamo immaginati.

Il comico deve spiazzare, è vero, ma tenendo sempre presente da dove parte e dove vuole andare a finire. La sua è una logica distorta ma ferrea: sa dove siamo, sa dove portarci e sa esattamente che ci arriveremo, solo che ci farà seguire percorsi che non immaginavamo. Alla fine, ci troveremo d'accordo e condivideremo con lui il fatto che quello era l'unico risultato possibile e quella l'unica strada per raggiungerlo.

Per riuscire in questo, il comico deve allenarsi a fare come l'illusionista, cioè a farsi seguire, a spiazzare e a trovare una soluzione precisa ma collocata in un punto diverso da dove immaginavamo fosse.

Non possiamo salire su un palco e sperare di far ridere un pubblico se non abbiamo il controllo totale di ciò che facciamo, non possiamo spiazzare se non sappiamo esattamente dove vogliamo arrivare, non possiamo sbagliare se non sappiamo quale senso possa avere il nostro errore.

Ma come trovare possibili percorsi logici per orientarci nelle nostre trasgressioni, nei nostri punti di vista alternativi? E come creare lo spiazzamento ad hoc, la giusta interferenza, la corretta azione assurda? Infine, come portare il pubblico a condividere tutto questo con noi?

Prima di scoprire, nei prossimi capitoli, alcune idee per strutturare tutto questo in modo corretto, trasformandolo in una performance comica, iniziamo da qualcosa di semplice. Nelle ultime pagine di questo capitolo metteremo alla prova il nostro umorismo sul palcoscenico attraverso l'azione ragionata ma, intanto, cerchiamo di allenarci a farlo attraverso l'improvvisazione.

L'ASSURDO RICOLLOCATO A LOGICA PARALLELA

Non possono continuare a chiederci di mantenere la calma.
Che si trovi un lavoro... e si mantenga da sola!
Luca Donadi

Prima di procedere occorre spendere due parole su un ultimo principio basilare della creazione comica: *l'assurdo ricollocato a logica parallela*. Per generare comicità, l'attore deve trovare un modo per spiazzare il pubblico e il modo migliore per farlo è proporre qualcosa di assurdo. Almeno, apparentemente. In realtà ciò che l'attore dice o fa rientra in un meccanismo che consentirà al pubblico di rendersi conto, solo in un

secondo tempo, che quell'assurdo, in realtà, proprio assurdo non era. Anzi, un attimo dopo aver svelato il gioco, si capirà che lo stesso assurdo era in realtà l'unica, possibile, plausibile e condivisibile cosa da fare in quel dato momento.
Per capire meglio questo meccanismo, facciamo un esempio tratto dall'osservazione della vita reale.
Immaginate di vedere, dietro una porta di vetro, un gruppo di persone muoversi in maniera scomposta: dimenarsi e contorcersi, sudare, assumere espressioni sofferte, chiudere per qualche attimo gli occhi poi riaprirli e sorridere o ridere senza apparente motivo, saltellare, agitare braccia e gambe. Poi, di colpo, smettono, tornando in stato di quiete, per alcuni secondi, quindi, come rispondendo a un segnale misterioso, riprendono tutti assieme ad agitarsi più di prima.
Potremmo pensare che stiano facendo qualcosa di assurdo, di privo di senso? Ovviamente sì, se a un certo punto la porta non si aprisse, facendoci distintamente sentire la musica che essi stanno ballando. Ah... allora non sono pazzi, stanno semplicemente ballando!
Quando la porta era chiusa, a noi sembravano fuori di testa solo perché ci mancava l'elemento musica, senza il quale stentavamo a riconoscere ciò che vedevamo come ballo.
Certo, a ben vedere, avremmo potuto accorgercene subito perché tante volte abbiamo visto gente muoversi in quel modo per ballare (e tante volte lo abbiamo fatto anche noi) ma in questo caso sarebbe entrato in gioco un altro elemento, quello dato dalla nostra esperienza. Saremmo andati per deduzione: quelli sono i movimenti tipici di chi si muove a tempo di musica, quindi evidentemente c'è della musica, perciò stanno ballando. Ma se non riconosciamo nei movimenti delle persone una forma di ballo che conosciamo, allora siamo punto e a capo, abbiamo bisogno dell'elemento musica per fare due più due e giustificare il tutto.
Ecco, questo è l'assurdo e ricollocato a logica parallela nella vita reale, solo che se lo si vuole rappresentare sul palcoscenico non è possibile lasciare tutto al caso, occorre allenarsi per imparare a trovare la giusta azione assurda e a ricollocarla in modo corretto.
Lo faremo, nel prossimo paragrafo, in sei passi successivi:

1) creazione di un percorso;
2) scomposizione del percorso e primo spiazzamento;
3) improvvisazione dell'assurdo;
4) rinforzo e presa di coscienza dell'assurdo;
5) inserimento di un'interferenza/spiazzamento calcolato;
6) ricollocazione dell'interferenza/spiazzamento a logica parallela.

Lezioni di comicità

PALESTRA COMICA: ESERCIZI DA PALCOSCENICO PER ALLENARE IL PENSIERO UMORISTICO

> *Ogni mattina mi sveglio e tocco duecento volte le punte delle mie scarpe.*
> *Poi mi alzo dal letto e me le infilo.*
> Max Greggio

Dopo aver visto, nei paragrafi precedenti, alcuni esercizi per aumentare l'elasticità creativa e sviluppare la percezione e la reazione umoristica, attraverso lo spostamento del punto di osservazione e la deformazione controllata del linguaggio, proviamo ora a esercitarci con questo assurdo ricondotto a logica parallela.

Ci alleneremo direttamente sul palcoscenico, provando sulla nostra pelle a generare volontariamente comicità senza bisogno di battute, espressioni clownesche o gag costruite a tavolino. E lo faremo direttamente davanti a un pubblico composto dal nostro gruppo di allenamento.

♦ L'assurdo ricollocato a logica parallela
1° Step: Creare un percorso
Scegliamo un volontario dal nostro gruppo di lavoro, magari A tanto per cambiare, e facciamolo salire sul palcoscenico. Tutti gli altri, come sempre, costituiranno il pubblico.

Il compito di A sarà preciso e molto semplice: egli dovrà entrare in scena, fermarsi al centro del palco, dire il proprio nome e cognome, voltarsi e uscire. Semplice vero? Solo che dovrà farlo seguendo alcune piccole regole, cinque passaggi obbligati, sintetizzati nello schema seguente:

1) al via, prima di entrare in scena, attendere tre secondi;
2) fare il proprio ingresso sul palcoscenico, andando diritto come se si dovesse uscire dalla parte opposta;
3) a metà percorso, raggiunto il centro del palcoscenico, voltarsi verso la platea e restare fermo e immobile, in stato neutro, per ulteriori tre secondi;
4) trascorsi i tre secondi pronunciare semplicemente ad alta voce il proprio nome e cognome, senza aggiungere espressioni particolari, quindi tornare immobile, in stato neutro;
5) attendere di nuovo tre secondi, quindi voltarsi e uscire di scena.

Via
... *attesa 3 sec.*   *Stop e attesa... 3 sec.*   ... *attesa 3 sec.*
Ingresso   **Battuta**   **Uscita di Scena**
          MATTEO ANDREONE

Bene, così facendo A ha creato un percorso preciso, fatto di attesa, ingresso, movimento, battuta e uscita di scena. Sembra un'insopportabile

banalità ma l'ingresso e l'uscita di scena sono fondamentali. Pensate che una delle regole base della comicità la suggerisce Stan Laurel a Jerry Lewis: «Il segreto della comicità è dire al pubblico che farai una cosa, eseguirla, poi far capire che è conclusa». Insomma, stabilire quando tutto inizia e quando tutto finisce.
Ora proviamo a fargli scomporre questo percorso preciso.

2° Step: Scomporre il percorso e introdurre un primo spiazzamento
L'esercizio è simile al precedente con la differenza che aggiungiamo due passaggi, come nello schema seguente:

1) come prima, al via, prima di entrare in scena, attendere tre secondi;
2) come prima, fare il proprio ingresso sul palcoscenico, andando diritto come se si dovesse uscire dalla parte opposta;
3) a metà percorso, raggiunto il centro del palcoscenico, voltarsi verso la platea e restare fermo e immobile, in stato neutro, per ulteriori tre secondi;
4) passati i tre secondi pronunciare ad alta voce solo il proprio cognome, quindi tornare immobile, in stato neutro;
5) attendere, ancora una volta, tre secondi, quindi voltarsi e procedere per uscire di scena;
6) un attimo prima di uscire di scena fermarsi, voltarsi verso il pubblico e pronunciare nome e cognome;
7) uscire definitivamente di scena.

Via					
3 sec.	*Stop e attesa... 3 sec.*		*... 3 sec.*	*Stop*	*Movimento*
Ingresso	**Battuta**	**Avvio uscita**		**Rinforzo**	**Uscita definitiva**
	CERRITELLI			RINO CERRITELLI	

Lo spiazzamento creato in questo secondo passaggio dell'esercizio è costituito semplicemente dal cognome che, solitamente, a differenza del nome, può generare in chi lo ascolta una sorta di incertezza. Mentre il nome intero di una persona (come nell'esempio Rino Cerritelli) può rientrare nella nostra sfera cognitiva e, ascoltandolo, lo riconosciamo facilmente come nome proprio seguito dal cognome, quest'ultimo, da solo, è qualcosa di incerto e non facilmente definibile.
Vedere un attore che entra in scena e pronuncia "Cerritelli" ad alta voce (come nell'esempio), può costituire di per sé un piccolo spiazzamento, poiché possiamo non identificare immediatamente ciò che sentiamo come un cognome. Saremo ad esempio portati a pensare a una domanda: "C'è, Ritelli?".
Solo in un secondo momento, quando l'attore pronuncerà le due cose

insieme, ricondurremo il tutto a una logica che, un attimo prima, non avevamo colto.

3° Step: Improvvisare l'assurdo

Complichiamo l'esercizio al nostro amico A e chiediamogli di sostituire la sua vecchia battuta, apparentemente spiazzante (il suo cognome), con una battuta, anzi, con un'azione che spiazzante lo dovrà essere sul serio.

Questa volta A non avrà più la certezza di cosa dire e di come dirlo ma si sgancia completamente dalla logica, attraverso l'improvvisazione.

Egli compirà gli stessi passaggi del primo step ma andrà a sostituire il suo nome e il suo cognome con un'azione assurda improvvisata che sia, insieme, movimento e voce.

La prima raccomandazione che gli facciamo è di non utilizzare parole, frasi fatte, versi e movimenti riconducibili a qualcosa di intuibile ma di compiere un'azione totalmente priva di senso.

La seconda è invece di non pensare a ciò che farà fino a un attimo prima di farlo, lasciando che l'azione spiazzi per primo se stesso.

I passi che dovrà compiere sono gli stessi del primo step, come nella tabella seguente:

1) al via, prima di entrare in scena, attendere tre secondi;
2) fare il proprio ingresso sul palcoscenico, andando diritto come se dovesse uscire dalla parte opposta;
3) a metà percorso, raggiunto il centro del palcoscenico, voltarsi verso la platea e restare fermo e immobile, in stato neutro, per ulteriori tre secondi;
4) trascorsi i tre secondi improvvisare l'azione/verso assurdo, quindi tornare immobile, in stato neutro;
5) attendere, ancora una volta, tre secondi, quindi voltarsi e uscire di scena.

Via		
... attesa 3 sec.	Stop e attesa... 3 sec.	... attesa 3 sec.
Ingresso	**Battuta**	**Uscita di Scena**
	(voce e movimento)	

4° Step: Rinforzare l'assurdo e prenderne coscienza

Ora che abbiamo creato un percorso e inserito in esso un'interferenza, e prima di provare a ricollocarla, prendiamone coscienza e assumiamoci la responsabilità di ciò che facciamo in scena, per quanto assurdo sia.

I passaggi, questa volta, saranno gli stessi del secondo step, come nella tabella seguente:

1) al via, prima di entrare in scena, attendere sempre tre secondi;
2) fare il proprio ingresso sul palcoscenico, andando diritto come se si dovesse uscire dalla parte opposta;
3) a metà percorso, raggiunto il centro del palcoscenico, voltarsi verso la platea e restare fermo e immobile, in stato neutro, per ulteriori tre secondi;
4) passati i tre secondi improvvisare l'azione/verso assurdo, quindi tornare immobile, in stato neutro;
5) attendere, ancora una volta, tre secondi, quindi voltarsi e procedere per uscire di scena;
6) un attimo prima di essere uscito di scena fermarsi, voltarsi verso il pubblico e compiere una seconda breve azione, un po' meno folle della prima, che però vi si riferisca in qualche modo.
Può bastare anche un accenno, una ripresa in diminuzione o in accrescimento, l'importante è dare al pubblico la certezza che la nostra azione assurda di poco fa non è nata da un'esplosione di follia incontrollata ma, anzi, ci rendiamo ben conto di averla fatta e abbiamo saputo osservarla anche noi;
7) uscire definitivamente di scena.

Via
3 sec.   *Stop e attesa... 3 sec.*   *... 3 sec.*   *Stop*   *Movimento*
Ingresso   **Battuta**   **Avvio**   **Rinforzo**   **Uscita**
               (voce e movimento)   **uscita**   **definitiva**

5° Step: Inserire un'interferenza/spiazzamento calcolato
Dopo tanta improvvisazione, è giunto il momento di provare a preparare qualcosa che possa essere rappresentato in scena attraverso il meccanismo di spiazzamento e ricollocazione a logica parallela.
L'azione assurda del passaggio precedente, che già aveva sostituito il cognome, deve a sua volta essere sostituita con qualcosa di pensato e di minimamente provato.
Ma quale tipo di azione pensata deve andare a sostituire l'elemento assurdo dello step precedente? Di che genere deve essere? E come può essere assurda e spiazzante se è meditata e preparata?
Lo vediamo subito e, per spiegarci meglio, prendiamo ancora una volta alcuni esempi che possono arrivarci guardando alla vita reale.
Immaginate di osservare una persona che si comporta stranamente, che, ad esempio, quando ci incontra, invece di limitarsi a stringere la mano, ci tasta il polso con due dita. E immaginate che faccia la stessa cosa con tutti. Che cosa potreste pensare di lui? Questo è matto!
Ma se un giorno vi dicessero che si tratta di uno dei più noti cardiologi

del mondo, che cosa pensereste di lui da quel momento in poi? Forse che è matto ma, comunque, il suo gesto acquisterebbe un certo senso. Se fa così, è perché è abituato a tastare il polso ai pazienti, talmente abituato che non riesce a controllarsi neppure quando dovrebbe scambiare una semplice stretta di mano. Il suo gesto, apparentemente assurdo e incontrollato, ha in realtà un'origine precisa: si tratta di una deformazione professionale.

Oppure immaginate una persona sconosciuta che, incontrandovi, vi parlasse lentamente, in modo quasi infantile, scandendo in maniera esagerata ogni parola e sottolineandola con plateali pantomime per richiamarne il significato. Anche in questo caso pensereste che è pazzo. Se però vi dicessero che quella persona, per un clamoroso equivoco, credeva voi foste straniero e conosceste poco la lingua, pensereste ancora che è pazzo... oppure in qualche modo arrivereste a chiarire il tutto e a comprenderlo. In questo caso si tratterebbe di una de-formazione comportamentale, dovuta al fatto che tale è il modo in cui si comporta quella persona (e un po' tutti noi) nei confronti di qualcuno che non intende la nostra lingua.

Oltre a quella professionale e comportamentale, esistono naturalmente altre deformazioni: caratteriale, emotiva, esperienziale, artistica ecc...
Per darvi un'idea delle deformazioni professionali, che costringono a muoversi e a comportarsi in modo assolutamente anomalo, trasformando le semplici azioni quotidiane in qualcosa, nello stesso tempo, di incongruo e di congruo, andate a vedervi lo sketch dei saluti, proposto prima da Walter Chiari e Carlo Campanini, poi da Chiari con Ugo Tognazzi.

In questo caso, l'interferenza/spiazzamento è prima annunciato, poi dimostrato dai due grandi comici. Essi annunciano un intero bestiario della serie "come si salutano" (due poliziotti, due ladri, due contadini ecc...) e li rappresentano di fronte al pubblico. Solo nell'ultimo caso, essi prima annunciano "come si salutano due teddy boys" (ma potremmo anche dire due gangster) quindi creano un'incongruità inaspettata, che risolveranno solo alla fine {☞ **I saluti**}.

Ora, prima di eseguire il quinto step di questo esercizio, fermiamoci un attimo e proviamo a pensare a un mestiere che possa generare in chi lo esercita una deformazione professionale del primo genere. Oppure a un'esperienza, un'emozione, una premessa cognitiva che interferisca con il comportamento normale. Un'azione istintiva che fa ormai parte della persona in questione e che, senza rendersene conto, esegue ogni tanto, nei momenti più inaspettati, di qualunque cosa e con qualsiasi persona stia parlando.

Immaginate ora se una persona simile salisse su un palcoscenico e si presentasse, parlando brevemente di qualcosa: inevitabilmente, prima

o poi, durante la sua presentazione, gli sfuggirebbe ogni tanto il gesto assurdo che costituisce la sua deformazione.
Potrebbe essere un comportamento strano, un modo di fare indefinibile, un'azione assurda ripetuta, anche un tic incontrollato.
Questo è il tipo di azione che dobbiamo preparare e poi sostituire con il nostro elemento assurdo e spiazzante dello step precedente. Dopo aver preparato questo tipo di azione, proviamo a rappresentarla. Adesso sarà necessario attendere i fatidici tre secondi solo dopo il via, prima di entrare in scena. Il resto sarà più libero, poiché il percorso è ormai delineato.
I passi che il nostro apprendista comico A dovrà compiere questa volta sono gli stessi del terzo step, come nella tabella seguente:

1) al via, prima di entrare in scena, attendere tre secondi;
2) fare il proprio ingresso sul palcoscenico, andando diritto come se si dovesse uscire dalla parte opposta. Nell'incedere per raggiungere il centro del palco, A potrà già dare un segnale di quella che è la sua deformazione, nel modo di camminare, di guardare, di muovere la testa, le gambe o le braccia ecc.;
3) a metà percorso, raggiunto il centro del palcoscenico, voltarsi verso la platea, presentarsi e iniziare a parlare per un minuto, rendendo palese in più momenti o in modo continuativo, senza volerlo, questo comportamento/gesto assurdo. Potrà parlare di qualsiasi cosa fuorché di ciò che causa un comportamento così strano. Parlandone subito si giocherebbe la possibilità di spiazzare il pubblico;
4) trascorso il minuto, dovrà salutare e fermarsi per qualche attimo, osservando semplicemente il pubblico;
5) uscire di scena, reiterando ancora una volta il comportamento assurdo che ha mostrato all'ingresso e mentre parlava.

Via
... attesa 3 sec.		*... attesa 3 sec.*
Ingresso	**Monologo** *(deformazione)*	**Uscita di Scena**
L'attore entra in scena camminando con una certa classe e signorilità...	Mentre si presenta al pubblico, l'attore muove la mano in modo incontrollato. Sembra impugnare qualcosa ad altezza inguine, agitandola.	Esce di scena con tranquillità. Prima, guarda il pubblico e agita ancora una volta la mano.

6° Step: Ricollocare l'interferenza/spiazzamento a logica parallela
Eccoci arrivati all'ultimo passo. Adesso non ci resta che creare la nostra prima perfomance comica sul palcoscenico. Torniamo alla nostra

azione assurda calcolata, fonte di spiazzamento nel pubblico, e ricollochiamola alla nostra logica parallela.
Seguendo i passaggi del quarto step e i contenuti del quinto, come nella tabella a p. 61, chiediamo ad A di dare una conclusione diversa e di ricollocare l'azione che gli è servita un attimo prima a spiazzarci.
Via:

1) al via, prima di entrare in scena, attendere sempre tre secondi;
2) fare il proprio ingresso sul palcoscenico, andando diritto come se dovesse uscire dalla parte opposta. Nell'incedere per raggiungere il centro del palco, A potrà già dare un segnale di quella che è la sua deformazione, nel modo di camminare, di guardare, di muovere la testa, le gambe o le braccia ecc.;
3) a metà percorso, raggiunto il centro del palcoscenico, voltarsi verso la platea, presentarsi e iniziare a parlare per un minuto, rendendo palese in più momenti o in modo continuativo, senza volerlo, questo comportamento/gesto assurdo. Come abbiamo detto, dovrà parlare di qualsiasi cosa fuorché di ciò che causa un comportamento così strano. Parlandone subito anticiperebbe la soluzione finale;
4) trascorso il minuto, dovrà salutare e fermarsi per qualche attimo, osservando semplicemente il pubblico;
5) uscire di scena, reiterando ancora una volta il comportamento assurdo che ha mostrato all'ingresso e mentre parlava;
6) un attimo prima di uscire di scena fermarsi, voltarsi verso il pubblico e, con una brevissima frase, svelare il proprio lavoro, la condizione emozionale e/o la premessa cognitiva. Siccome egli non si rende conto della propria deformazione, non dovrà dire "faccio/sono così perché…" (sarebbe troppo didascalico) ma fornire l'elemento giusto e lasciare che il collegamento lo faccia direttamente il pubblico;
7) uscire definitivamente di scena.

Via *3 sec.* **Ingresso**	**Monologo** **(deformazione)**	**Uscita**	*Stop* **Rinforzo**	**Uscita definitiva**
	Mentre si presenta al pubblico, l'attore muove la mano in modo incontrollato. Sembra impugnare qualcosa ad altezza inguine, agitandola.		«Ah, dimenticavo… sono il re del mojito!».	

Questa tecnica è stata più volte trasformata in comicità scenica. Un esempio è quello proposto da Ugo Tognazzi e Raimondo Vianello in uno sketch della serie "donne lavoratrici"[9]. Una voce fuori campo intervista Vianello nei panni di una parrucchiera indaffarata a fare una messa in piega a una cliente. Tognazzi/parrucchiera risponde puntualmente alle domande della voce ma, mentre cammina intorno alla cliente, dimostra un inquietante modo di camminare: a ogni passo alza in maniera esagerata la gamba destra, come dovesse saltare un piccolo ostacolo immaginario. L'impressione in chi la vede è di una donna zoppa, se non pazza. Solo alla fine, quando entra Vianello, nei panni del marito, capiamo il motivo di questo difetto di deambulazione. È Vianello/marito che ha il vero e proprio difetto di deambulazione: camminando infatti lancia a ogni passo la gamba sinistra di lato. Essendo abituato a prendere a braccetto sua moglie con il braccio sinistro, la costringe a camminare in quel modo strano che abbiamo visto dall'inizio. È l'abitudine che giustifica il movimento anomalo della moglie, la deformazione comportamentale che ha trasformato il suo modo di camminare, per consentirle di non inciampare a ogni passo nella gamba del marito {☞ **La parrucchiera zoppa**}.

UN'AVVERTENZA: IMPARARE AD AGIRE PRIMA DI PENSARE

Mi raccomando ragazzi...
dopo aver fatto il bagno aspettate almeno tre ore prima di mangiare!
Matteo Andreone

Da quando iniziamo a fare le nostre prime esperienze, agendo con una certa responsabilità nel mondo che ci circonda, uno degli insegnamenti più utili che ci vengono impartiti è di fare le cose *cum granu salis*, di pensare bene a ciò che facciamo, prima di farlo. Il concetto base è "Prima di agire, rifletti!", poi evoluta, negli anni dell'adolescenza, in frasi più stimolanti, del tipo "Prima di mettere in moto la lingua, assicurati che il cervello sia acceso".

Un ottimo insegnamento, non c'è che dire, che però con la sensibilità umoristica c'entra ben poco. Non vi è nulla, anzi, di più controindicato, nell'allenamento del proprio pensiero umoristico, che pensare prima di agire e, a ben vedere, nello sviluppo della propria creatività, tout court. Nel comico, la creatività fa rima con responsabilità, intesa nel senso di capacità di dare risposte. E per allenarci a dare risposte occorre prima

---

[9] Parodie sulle inchieste di Mario Soldati, realizzate per il programma *Un, due, tre*, andato in onda sul Programma Nazionale della Rai dal 1954 al 1959.

di tutto obbligarci a gestire l'inaspettato. Se nei nostri primi anni impariamo più cose che in tutto il resto della nostra vita, è perché affrontiamo la vita senza alcun bagaglio di esperienza e, sbagliando più spesso e cercando da soli di trovare risposte e soluzioni, ce la facciamo inevitabilmente.
Accogliendo ogni sbaglio come una possibile risorsa per migliorare, impariamo anche a reagire a essi con una modalità che ci portiamo dietro fino alla vecchiaia. Se l'ambiente circostante (genitori, in primis) ci consente di accogliere l'errore con una relativa leggerezza, ridendo per le cose riuscite male, l'inadeguatezza e l'incapacità di fare e di dire, ci abituiamo a ritenere la modalità "riso" come una delle applicabili. E siccome, per dirla con Woody Allen, «ridere è una delle cose più piacevoli che si possano fare senza togliersi i vestiti di dosso», compiere piccoli sbagli, sentirsi un po' inadeguati, non all'altezza di una data situazione, per noi potrà anche essere considerato un piacere.
Se invece i nostri errori sono accolti con rigore e un pizzico di negatività, allora diventa quasi automatico riconoscere quest'ultima come unica modalità di reazione. In questo caso saremo meno propensi all'errore e meno aperti all'esperienza, poiché ogni sbaglio compiuto ci ricorda tutt'altro che il riso.
Per allenare il nostro senso dell'umorismo dobbiamo invece abituarci a considerare l'errore come una risorsa, al punto da crearci da soli gli spiazzamenti utili a mettere alla prova e sviluppare il nostro pensiero umoristico. Questo è molto importante perché il nostro linguaggio comico sarà l'esatta espressione del nostro pensiero umoristico.
Più pensiamo prima di agire, più eviteremo di sorprenderci e di spiazzarci da soli, quindi di metterci alla prova nell'inventare soluzioni e nel dare risposte originali.
Noi quindi vogliamo darvi un insegnamento totalmente diverso da quello con cui è iniziato questo paragrafo e vi diciamo: «Agisci, prima di pensare». Agisci e poi dai la possibilità al tuo senso dell'umorismo di giustificare ciò che hai fatto, trovando soluzioni inedite.
Questo consiglio, nel continuare a seguire questo manuale, vi sarà molto utile e vi aiuterà ad ampliare il vostro immaginario comico e a trovare un linguaggio personale.

Terzo passo: abbecedario comico

DAL PENSIERO UMORISTICO AL LINGUAGGIO COMICO

L'IMPORTANZA DEL GRUPPO DI LAVORO

> *Ho sbagliato perché ero da solo.*
> *Se foste stati al mio fianco avremmo sbagliato in modo diverso!*
> Matteo Andreone

Nelle fasi iniziali del nostro percorso di avvicinamento al comico abbiamo lavorato da soli, mettendo subito alla prova il nostro spirito di osservazione sulla realtà circostante, poi proseguendo in coppia, in relazione con un nostro partner di allenamento, infine in gruppo, agendo insieme e di fronte a più persone.
Da adesso manterremo sempre quest'ultima modalità poiché, per seguire il percorso di avvicinamento, studio e pratica del proprio linguaggio comico, sarà imprescindibile lavorare in gruppo.

> Il comico nasce quando uomini riuniti in gruppo dirigono l'attenzione su uno di loro, facendo tacere la loro sensibilità ed esercitando solo la loro intelligenza.[1]

L'allenamento deve essere condotto con gruppi di lavoro di dodici/quattordici persone, in modo tale che il nostro studio si arricchisca della percezione umoristica di più punti di vista e di differenti modi di pensare e agire comico.
L'espressione comica è pensiero umoristico che si trasforma in linguaggio nel momento stesso in cui nasce e spesso, per chi sta imparando a conoscere e a utilizzare il proprio "armamentario", è particolarmente difficile riconoscerla come tale senza un immediato riscontro di un potenziale pubblico.
Nel tentativo di esprimere sul palcoscenico qualcosa di comico, talvolta, può venirci alla mente un'idea che riteniamo efficace ma che, provata di fronte a un pubblico, non suscita le reazioni che ci aspettavamo.

---

[1] Henri Bergson, *Il Riso*, op. cit.

Altre volte, un'idea che ci può sembrare alquanto debole, può provocare in chi ci guarda e ascolta imprevedibili risposte di apprezzamento. Solo a questo punto possiamo verificare l'efficacia della nostra performance e, così facendo, ampliare sia la nostra percezione sia la nostra proposta e calibrare e codificare meglio il nostro linguaggio comico.
Più punti di osservazione e di ascolto diversi costituiscono una risorsa imprescindibile, di cui, da un certo punto in poi, non possiamo fare a meno se vogliamo scoprire e imparare a utilizzare il nostro potenziale comico sul palcoscenico.
Naturalmente, come tutte le metodologie efficaci che si rispettino, anche il lavorare in gruppo presenta qualche limite e necessita di qualche avvertenza utile a superarlo.
Il primo limite si rivela dopo un po' di tempo che il lavoro è iniziato e si traduce in una progressiva difficoltà a distinguere ciò che davvero rappresenta una proposta comica condivisibile a un pubblico eterogeneo da ciò che è tale solo per il gruppo stesso.
Non a caso, infatti, ciò che sembrerà terribilmente divertente al gruppo, durante gli allenamenti, potrà non rappresentare qualcosa di altrettanto divertente a un pubblico esterno, che non ha gli elementi necessari per interpretare ciò che facciamo come qualcosa di comico.
Nulla di grave, si tratta di un fenomeno tipico chiamato "dei compagni di classe", per cui, spesso, le cose che fanno molto ridere l'intera classe IV B dell'Istituto Giovanni Pascoli di Volterra, lasciano completamente indifferenti gli alunni della III A dello stesso istituto.
Il problema è che gli argomenti, le prese in giro e le battute, sono il risultato di una convivenza e prevedono la reciproca conoscenza delle caratteristiche fisiche e cognitive delle persone che le propongono. Esse costituiscono un potenziale immaginario comico nato da elementi che altre persone, non appartenenti al gruppo stesso, non possono avere.
Cerchiamo quindi, durante gli allenamenti, di non legarci troppo a stimoli umoristici ed effetti comici nati da spunti conosciuti solo dai componenti del gruppo e che solo nelle relazioni tra essi si possono vivere.
Se, ad esempio, nel nostro gruppo di lavoro sappiamo tutti che C è un consumato "sciupafemmine" mentre B un gran timidone e, nell'assistere a un loro sketch vediamo che B dà istruzioni a C su come conquistare una bella ragazza, certamente ci verrà da ridere. Rideremo però solo perché sappiamo chi è C e chi è B, conosciamo le loro caratteristiche, i loro punti di forza e le loro debolezze, tutto ciò che una persona non appartenente al nostro gruppo, certamente, non conosce. Non è detto quindi che lo stesso sketch possa far ridere un pubblico esterno.
Per questo motivo, una volta sperimentate alcune possibilità espressive è sempre consigliabile estendere la propria audience, eseguendo i pro-

pri sketch anche di fronte a persone che non fanno parte del gruppo di allenamento.

Nel caso stiate realizzando spettacoli di teatro comico, converrà quindi organizzare un certo numero di prove aperte, invitando persone che non appartengono al gruppo di allenamento e che abbiano la possibilità di assistere alla presentazione scenica dell'idea senza aver partecipato alla creazione della stessa.

Nel caso invece stiate costruendo un personaggio o un monologo originale di cabaret, sarà utile che arricchiate il vostro lavoro frequentando un laboratorio che vi dia la possibilità di provare, di fronte a un pubblico esterno, ciò che state mettendo a punto.

Di questo, però, parleremo più ampiamente nei prossimi capitoli, quando entreremo in merito all'azione comica, a come si può imparare ad agire di fronte al pubblico e a quante e quali possibilità possano aprirsi per il nostro lavoro di comici.

ALLA BASE DEL LINGUAGGIO COMICO: GLI STRATAGEMMI COMPULSIVI

Come hai superato i bidelli?
Sul piano culturale, naturalmente.
Woody Allen

Abbiamo detto che la comicità più efficace nasce da ciò che siamo, dal nostro modo di essere e di pensare e non deve in alcun modo farsi vincolare dal punto di vista e dallo stile espressivo proposto da altri, e che il nostro linguaggio comico si sviluppa specialmente nella collaborazione con il gruppo di lavoro.

Abbiamo anche detto che è molto difficile riuscire a esprimere un proprio umorismo originale mediante l'interpretazione di azioni e parole che sono frutto di un lavoro di creazione e confezionamento già avvenuto. Una battuta, una gag o una barzelletta costituiscono, infatti, il risultato ultimo di una percezione umoristica e una rielaborazione comica della realtà che altri hanno attivato e portato a compimento espressivo. In altre parole, non posso dire una battuta o fare una gag di qualsiasi genere se la stessa non ha attivato in me la medesima percezione umoristica del suo primo autore e se non attraverso l'utilizzo di un linguaggio personale che comunque possa renderle una forza espressiva equivalente.

Come si conciliano tutte queste cose? Com'è possibile inventare un nostro linguaggio comico originale attraverso uno studio metodologico che accomuna un intero gruppo di lavoro? Come possiamo essere, nello stesso tempo, naturali e vincolati a una precisa tecnica espressiva? E come possiamo restare noi stessi se dobbiamo costruire un linguaggio

che, per nascere, svilupparsi e consolidarsi, deve necessariamente sottostare al continuo apprezzamento degli altri?
Qui entra in gioco il metodo originale su cui è basato questo manuale, studiato, messo a punto e sperimentato in seno all'Accademia Nazionale del Comico. Invece di suggerirci idee umoristiche già, in qualche modo, confezionate ed espresse da altri – battute, gag, barzellette – il metodo si avvale di meccanismi che sono alla base del fenomeno comico stesso e che ne costituiscono, nello stesso tempo, una possibile origine e un eventuale compimento.
Questi meccanismi si chiamano "stratagemmi compulsivi" e sono insieme il filtro attraverso cui osservare la realtà, lo schema per interpretarla e il canovaccio entro cui agire. Una volta appresi e applicati, non dovremo far altro che lasciare la nostra mente, la nostra parola e il nostro corpo agire liberamente nello schema da essi fissato.
Che cosa sono gli stratagemmi compulsivi e perché questo nome strano, che unisce due termini che definiscono altrettanti comportamenti contrapposti e apparentemente inconciliabili?
Sappiamo che lo stratagemma è una mossa astuta, un espediente ben congeniato per raggiungere un fine mentre la compulsione è qualcosa di irrazionale e involontariamente ripetitivo; come possono allora espedienti ben congeniati essere involontariamente ripetitivi?
La risposta è proprio nella loro apparente incompatibilità. Il comico nasce e si forma nell'esatto punto d'incontro tra due narrazioni opposte, dalla logica che diventa per un attimo follia e torna a essere logica e dalla follia che diventa, per un attimo, logica e torna a essere follia.
Il discorso può apparire complicato ma vi sarà più chiaro se provate a tornare agli esercizi di allenamento al pensiero umoristico esposti nel passo precedente e, in particolare, agli ultimi, riguardanti l'assurdo ricondotto a logica parallela.
Se ricordate, si trattava di riportare a una logica precisa ciò che un attimo prima eravamo certi fosse follia, senza togliere né alla prima né alla seconda la propria forza ma lasciando intatte l'una e l'altra. La follia, l'assurdità (come il personaggio dell'augusto) acquistava senso solo alla luce della logica proposta un attimo dopo, restando comunque follia, mentre la logica, la plausibilità (come il ruolo del clown bianco[2]) acquistava valore solo grazie alla follia che la precedeva, restando comunque logica.

---

[2] Il clown bianco e l'augusto (o toni) sono le figure che nell'arte comica circense rappresentano l'archetipo di comico e spalla. L'effetto comico nasce dal contrasto tra il primo, che cerca di agire in modo preciso e competente, e il secondo, che crea continue interferenze attraverso la sua inadeguatezza e la sua azione trasgressiva.

Lo stratagemma è logica mentre la compulsione è follia: occorrono entrambi per generare il comico e se, nella figura del clown, sono incarnati in due diverse figure, nel comico moderno essi convivono nello stesso personaggio.
È proprio tramite lo studio e l'applicazione degli stratagemmi compulsivi, i meccanismi di allenamento che ci fanno agire razionalmente all'interno di azioni irrazionali reiterate, che riusciamo a cogliere il nostro istinto comico nel momento stesso in cui nasce e a trasformarlo automaticamente in un linguaggio.
Negli stratagemmi compulsivi, il meccanismo è la follia ridotta a espediente, in cui vive e cresce il nostro tentativo di adattamento, trasformato in follia.
Se consideriamo l'umorismo come un pensiero che scaturisce nel momento in cui tentiamo di risolvere un problema, e che diventa comicità attraverso il linguaggio e l'azione, lo stratagemma compulsivo è il problema stesso che ci poniamo e, insieme, il meccanismo attraverso cui ci esprimiamo.
Per dirla in termini aziendali, l'umorismo è *problem solving* laddove lo stratagemma è il *problema* e *marketing* laddove lo stratagemma è il *prodotto da promuovere*. Ma sia il problema che il prodotto sono molto pratici e concreti, non sono altro che comportamenti, parole, azioni e relazioni ispirate alla realtà, a quanto succede nella vita di tutti i giorni, sebbene spesso non si abbia l'abitudine e l'allenamento per notarlo. Gli stratagemmi sono una caricatura del reale, l'assurdo e il logico in un'unica azione, ciò che si mette in atto in modo inconsapevole, per qualsivoglia scopo, nel corso dei rapporti relazionali (intra e inter personali).
L'umorismo ci consente di portare alla luce e isolare la parte compulsiva di tale stratagemma e di osservarlo in modo empirico.
All'osservazione segue un lavoro estetico sull'atteggiamento compulsivo, che ha il compito di rivelarne la parte umoristica.
Insomma, se applicati nel modo giusto, gli stratagemmi compulsivi ci consentono di allenare il nostro pensiero umoristico, di trasformarlo in linguaggio comico e di metterlo alla prova in numerosi e differenti modi.
Tra poco vedremo qualcuno di questi meccanismi e incominceremo a provarli: attraverso il loro studio e la loro applicazione potremo quindi iniziare davvero a addentrarci nel mistero del comico, un'arte fatta di battute, gag, sketch, espressioni, movimenti, parole e silenzi che scriveremo in un nostro canovaccio virtuale di cui saremo interpreti unici e insostituibili e che difficilmente potrà esistere senza di noi. Perché l'*Amleto* di Laurence Olivier è certamente straordinario ma la tragedia esiste a prescindere, anche senza di lui; dei monologhi di Roberto Benigni, dei personaggi di Corrado Guzzanti, delle caricature di Maurizio

Crozza e delle performance di Antonio Rezza invece, resta poco senza i loro interpreti originali.
L'attore "interpreta", il comico "è".
Attraverso gli stratagemmi compulsivi capiremo e sperimenteremo sulla nostra pelle come molte espressioni comiche, pur apparentemente molto diverse tra loro per argomenti, linguaggi e interpretazione, sottendano allo stesso meccanismo e potremo quindi sviluppare nuove idee e proposte comiche che non sono altro che il risultato del nostro agire.

TRASFORMARE I PROPRI DIFETTI IN RISORSE E LE PROPRIE CARATTERISTICHE IN OPPORTUNITÀ ESPRESSIVE

Signori si nasce...
e io, modestamente, lo nacqui!
Totò

Per imparare a generare comicità occorre allenare la nostra mente a percepire tutto quello che può esserci di comico in ciò che ci circonda. Per imparare a esprimerla a vantaggio di un pubblico occorre invece qualcosa in più: serve percepire, imparare a riconoscere e allenarci a utilizzare tutto ciò che può esserci di comico in noi stessi.
Per farlo nel modo migliore dobbiamo ancora una volta farci aiutare dagli altri, dal gruppo di lavoro: sapere come ci vedono gli altri è un buon inizio per prendere coscienza umoristica di noi stessi.
Un esercizio utile a questo scopo, che utilizza proprio le risorse del gruppo, è quello che segue, denominato della "caricatura ad accumulo". Vediamo come funziona.

♦ Caricatura fisica e motoria ad accumulo
Disponiamo il nostro gruppo in un cerchio abbastanza ampio da consentire movimenti al suo interno. Tutti sono seduti tranne A (tanto per cambiare) che si alza e compie un giro in senso orario all'interno del cerchio, costeggiando le persone sedute. Dovrà semplicemente camminare, mantenendo un'andatura lenta e naturale, senza arricchirla di espressioni, gesti e posizioni che possano ricondurre a una qualsiasi perfomance. Terminato il giro e raggiunta la propria posizione (dov'era inizialmente seduto), A dovrà compiere un secondo giro, questa volta in senso antiorario, sempre mantenendo costante il proprio incedere. Tornato alla posizione, si risiede.
Il resto del gruppo, nel frattempo, lo avrà attentamente osservato, cercando di notare e isolare ogni sua caratteristica tipica: l'espressione, l'atteggiamento, il modo di appoggiare i piedi, di muovere le gambe o

Dal pensiero umoristico al linguaggio comico

la testa, la velocità di camminata, l'inclinazione della schiena, il modo di respirare, qualsiasi tic o movimento non voluto, anche il modo di alzarsi e di risedersi ecc...

Ora tocca a un secondo elemento del gruppo, diciamo B, per comodità, che avrà notato qualche caratteristica, delle suddette, di A.

Egli dovrà non imitare A, bensì "diventarlo", cercando di porre l'attenzione su una o più caratteristiche che lo hanno colpito, rilevandola ed esagerandola un po', affinché risulti più visibile a tutto il resto del gruppo.

B si alzerà e compirà lo stesso identico percorso di A, in senso prima orario quindi antiorario. La caricatura che ne risulterà potrà essere più o meno condivisa dal resto del gruppo, che magari avrà notato le stesse caratteristiche e riconoscerà nella caricatura di B una riproposta dell'originale oppure non le avrà notate, quindi non le riconoscerà o, ancora, le avrà notate ma non apprezzerà la caricatura che di esse ha fatto B.

Il termometro per comprendere il gradimento del resto del gruppo sarà la risata che ne scaturirà: quando si ride, la caricatura è condivisa, quando non si ride, in genere, no.

In ogni caso, i suggerimenti di B corrispondono al suo punto di vista, quindi, da questo momento in poi non andranno più dimenticati o rimossi. Al massimo potranno essere aggiustati.

Toccherà poi a C, il quale dovrà dare il suo contributo alla nascente caricatura di A e, nel farlo, potrà inserire e caricaturare una o più differenti caratteristiche senza dimenticare ma, anzi, possibilmente esagerando il contributo di B.

Dopo C sarà il turno di D, poi di E, quindi di F, infine di G, fino a quando cioè il gruppo non avrà esaurito i contributi dei suoi componenti.

L'ultimo contributo (quello di G) ci rappresenterà probabilmente un A ridotto a mostro camminante, bene: l'esercizio è riuscito.

Torniamo alla nostra vittima sacrificale A, perché ora è il suo momento. Adesso A dovrà diventare la caricatura di se stesso vista dagli altri.

G invece di compiere due giri, ne compirà quattro: due da solo e due insieme ad A. Quest'ultimo, dopo che G avrà compiuto i primi due giri, dovrà alzarsi, precederlo di qualche passo e, camminando naturalmente, compiere un giro insieme a lui, quindi attenderlo e seguirlo, assumendo tutte le caratteristiche della propria caricatura da lui proposte.

L'esercizio della caricatura ad accumulo non è che un primo passo verso la comprensione di noi stessi e delle nostre risorse ma costituisce un ottimo inizio per conoscere la nostra famosa cassetta degli attrezzi comici, di cui abbiamo parlato nella prima parte.

COMICO DI MANIERA E COMICO NATURALE: RESISTERE ALLA MACCHINA PER LA GLORIA

> *Rispetto per gli anziani!*
> *Datemi un buon motivo per averne.*
> Alessandro Lupo

Qualche tempo fa, durante la trasmissione radiofonica *610 – sei uno zero*[3], i conduttori Claudio Gregori e Pasquale Petrolo (il duo comico Lillo e Greg) proposero uno sketch insieme al comico Massimo Bagnato. Quest'ultimo, nei panni di uno studioso di umorismo, sosteneva che la comicità non dipende dall'efficacia della battuta o della gag ma semplicemente dalla tecnica con cui si pronuncia una frase, qualsiasi essa sia. Egli riteneva che bastasse una pausa seguita da una conclusione pronunciata con un tono vivace e un simpatico stacchetto musicale per far ridere. Naturalmente non si limitava a sostenerlo in teoria ma dava un esempio:

> Ieri ero seduto nella sala d'attesa dell'aeroporto. A un certo punto hanno annunciato l'imbarco, mi sono voltato convinto che il mio bagaglio fosse alla mia sinistra e non l'ho trovato. In realtà la mia valigia... [pausa]... era dall'altra parte! [stacchetto musicale, risate e applausi registrati].

In effetti, la cosa funzionava. In quel momento Lillo e Greg, da buoni caricaturisti della realtà e fustigatori dei modi di essere e di agire della società, avevano preso di mira la comicità stessa, mettendo alla berlina un comune modo di rappresentarla nelle televisioni degli ultimi anni. Osservando le performance di attori comunemente riconosciuti come comici, infatti, possiamo cadere nell'equivoco di considerare comico tutto ciò che essi esprimono, indipendentemente che ci faccia ridere oppure no, e la televisione, con il massiccio utilizzo di risate pre-registrate a sottolineare ogni frase del comico di turno, non ci aiuta a discernere ciò che ci fa ridere davvero da ciò che può essere una semplice espressione leggermente caricaturale.

Non si tratta naturalmente di un'invenzione moderna, nel teatro di ogni tempo è stato fatto largo uso di *claque*, cioè spettatori pagati da un impresario, dalla compagnia in scena o da una concorrente, per esaltare o contestare, attraverso applausi o fischi a comando, decretando il successo o il flop di una rappresentazione. Ne parla lo scrittore e commediografo Auguste de Villiers de L'Isle-Adam in un suo profetico racconto intitolato *La macchina per la gloria*, contenuto nei *Contes*

---

[3] Programma radiofonico ideato e realizzato da Lillo e Greg e condotto da Alex Braga, in onda su Radiodue dal 2003.

cruel[4]. Egli, preconizzando quanto sarebbe avvenuto circa un secolo dopo, immagina la creazione di un macchinario perfetto per decretare il successo di qualsiasi spettacolo. La macchina per la gloria, altro non era che la tecnologia a servizio della claque, un'invenzione che avrebbe consentito, attraverso un processo preciso e scientifico, di garantire la gloria a qualsiasi compagnia, attore, cantante, drammaturgo o musicista. Oggi ci siamo in pieno: la macchina per la gloria esiste e la possiamo vedere in azione, subendone il condizionamento, ogni qual volta una risata registrata o un pubblico televisivo addomesticato sottolineano ogni performance dell'artista in questione.

L'artista comico, naturalmente, non fa eccezione, anzi, le sue battute, le gag, le espressioni, sono tra le performance più facili da rilevare con la nostra macchina per la gloria. Essa, sospendendo il nostro giudizio su ciò che vediamo e sentiamo, atrofizza il nostro pensiero umoristico e si sostituisce alla nostra naturale capacità di apprezzamento del comico. Non lasciandoci il tempo e la possibilità di giudicare da soli, tende a farci abdicare dal ruolo di spettatori critici e a sgravarci dalla responsabilità di giudicare ciò cui assistiamo.

Non a caso, i teatri e i locali sono pieni di pubblicità di comici provenienti "direttamente da…", che si esibiscono "dopo il successo ottenuto a…" e che "ripropongono il loro personaggio reso noto a…", il tutto seguito dal nome di qualche popolare trasmissione televisiva.

Devono farlo, se vogliono avere le sale piene, quasi che il pubblico non si fidasse del proprio giudizio ma necessitasse di un "via libera", di qualcuno o qualcosa che gli dica: questo comico fa ridere. Allora, risponde il pubblico, ciò che fa questo attore qui è fare ridere, quindi devo ridere… perché è in questo modo che si fa ridere ed è per queste cose che si ride.

La prova più lampante di questa via (reversibile) verso l'atrofia del nostro pensiero umoristico ci appare nel confronto tra ciò che succedeva fino a qualche anno fa e ciò che succede sempre più spesso oggi. Se un tempo il raccontatore di barzellette doveva innanzi tutto preoccuparsi dell'originalità della stessa, pena la temuta esclamazione "è vecchia!", pronunciata da uno sdegnato pubblico, oggi il modo più adottato e sicuro per provocare risate è di ripetere il tormentone visto in tv. Se lo fanno in tv vuol dire che fa ridere.

Ovviamente il pubblico può fare ciò che vuole, ma chi intende percorrere la strada per diventare autore o attore comico non dovrebbe farsi distrarre da questo meccanismo.

---

[4] Auguste de Villiers de L'Isle-Adam, *Racconti crudeli*, Mondadori, Milano 2012.

Premessa formativa per un apprendista comico è osservare le performance di altri attori con il giusto occhio critico che, in questo caso, significa occhio umoristico, imparando a distinguere ciò che lo fa ridere da ciò che dovrebbe farlo ridere, vale a dire senza farsi condizionare in alcun modo dall'ambiente artificialmente creato dalla macchina per la gloria.

Nell'assistere alla comicità altrui in atto, l'apprendista comico deve imparare cioè a distinguere, in modo soggettivo e non oggettivo, la comicità di maniera da quella davvero efficace, senza cadere nella trappola del "così si fa" e del "così va fatto". Solo così potrà lasciarsi ispirare dalla propria percezione umoristica e sviluppare un immaginario comico originale e utile.

Nel successivo sviluppo del proprio personaggio e del proprio linguaggio comico, l'attore dovrà poi agire svincolato da qualsiasi imposizione che possa conformarlo a ciò che già esiste.

In caso contrario l'apprendista comico non lavorerà per ottenere ciò che è meglio per se stesso, per rendere sempre più naturale ed efficace il proprio impatto comico, bensì per raggiungere ciò che più si confà a un ambiente già esistente, a un progetto che, il più delle volte, sarà già vecchio nel momento in cui egli arriverà alla maturazione del proprio linguaggio.

Il suo pubblico non è quello di un particolare ambiente o di un preciso format, esso deve nascere e crescere con lui in modo naturale e non di maniera.

L'ambiente adatto, un apprendista attore comico, deve imparare a crearselo da solo, in ogni circostanza e di fronte a qualsiasi tipo di uditorio, e sarà un ambiente pre-umoristico nel cui ambito potrà nascere e svilupparsi la propria comicità.

CREAZIONE DELL'AMBIENTE PRE-UMORISTICO IN AMBITO TEATRALE

> *E i preliminari?*
> *I preliminari, dopo.*
> Gérard Depardieu

La comicità è un *gioco umoristico* che richiede un ambiente e giocatori adatti a giocarlo: il comico sul palco e il pubblico in sala.

Il comico che sale sul palcoscenico ha il compito di delimitare il campo, di proporre il gioco e di invitare i giocatori, cioè il pubblico, a prendervi parte. Per fare questo occorre, da parte sua, una disponibilità all'apertura, una comunicazione circolare, una condivisione cognitiva e argomentativa, una buona sensibilità per comprendere gli umori dell'uditorio e la conoscenza degli elementi e dei punti di riferimento con i quali si giocherà.

L'ambiente pre-umoristico è ciò che esiste un attimo prima della stessa espressione comica e che costituisce il terreno adatto per la sua nascita e la pista di decollo per la sua evoluzione. Senza un ambiente pre-umoristico adatto, nessuna battuta sarebbe abbastanza forte, nessuna abbastanza efficace, nessuna abbastanza comica da generare una sintonia umoristica con il pubblico e la conseguente risata.

Laddove esso non esista, l'attore comico lo dovrà creare.

Se vogliamo agire in modo comico di fronte a un qualsiasi uditorio dobbiamo quindi, innanzi tutto, sviluppare le competenze adatte per creare l'*ambiente pre-umoristico* adatto, attraverso la ricerca di canali di *connessione* (attenzione e reciproca apertura sensoriale) e di *intesa* (allineamento e ricerca condivisa su fatti e argomenti).

I **canali di connessione** sono:
- *ciò che vediamo* e che può vedere anche il pubblico (oggetti, persone, avvenimenti, parole scritte, disegni, movimenti, espressioni del volto, scene, luci, costumi);
- *ciò che ascoltiamo* e che può ascoltare anche il pubblico (rumori, suoni, parole dette, musiche, risate, canzoni, disturbi);
- *ciò che sentiamo* attraverso il corpo e che può sentire anche il pubblico (percezione di freddo e caldo, dolore, fatica, rilassamento, stanchezza).

I **canali di intesa** sono:
- *ciò che conosciamo* e che immaginiamo possa conoscere anche il pubblico (gli eventi sociali, i termini usati, le persone, i fatti, i luoghi che conosciamo);
- *ciò che proviamo* e che immaginiamo possa provare anche il pubblico (amore, odio, indignazione, affetto, nostalgia, dispiacere, paura);
- *ciò che siamo* grazie alla nostra cultura e formazione e che immaginiamo possa essere anche il pubblico (la gestione dei rapporti umani, il comportamento sociale, i valori);
- *gli ideali che abbiamo* e che immaginiamo possa avere anche il pubblico (visione politica, credo religioso, appartenenza a una determinata categoria sociale).

Creato l'ambiente, potremo innescare il gioco umoristico, condurlo e seguirlo in base alla risposta del pubblico, attraverso la coordinazione, la comunicazione circolare, la collaborazione con l'uditorio e la proposta di punti diversi di osservazione.

Il pubblico, insomma, dovrà essere invitato e accettare di partecipare a un gioco in cui non è solo osservatore esterno ma protagonista a tutti gli effetti, con la possibilità di mettere in gioco la propria percezione umoristica su quanto sta avvenendo sul palcoscenico.
Solo in questo modo il comico potrà:

- inventare soluzioni alternative, proporre idee nuove e suggerire punti di vista insoliti, superando anche i limiti imposti dalla morale, dall'etica, dal senso pratico, dalle difficoltà oggettive e dal rispetto dei ruoli e delle circostanze;
- coinvolgere in ogni momento il pubblico, ridisegnando insieme a esso, di volta in volta, i confini oltre i quali non vi sarebbe più comprensione e condivisione del gioco umoristico[5].

Parleremo più avanti della sintonia con il pubblico, quando introdurremo i primi stratagemmi umoristici da eseguire sul palcoscenico. Prima, però, proviamo ad allenarci a creare una connessione e un allineamento nelle dinamiche relazionali.
Un esercizio utile per farlo è, per esempio, la caricatura degli approcci. L'esercizio ci costringerà a uscire dal seminato facendo però bene attenzione a rispettare la dinamica relazionale, l'ambiente, il gioco e la persona con la quale stiamo giocando. Nel fare tutto ciò, dovremo obbligatoriamente e costantemente sintonizzarci anche con il gruppo che assiste al nostro approccio.

✦ Caricatura dell'approccio relazionale

Disponiamo i membri del nostro gruppo seduti a cerchio e iniziamo a lavorare con A, che è sempre il primo (in tutti i sensi) della classe.
Lavoreremo con gli approcci tra persone, a cominciare da quelli più tipici: i saluti e le presentazioni. Per provare a creare sintonia e giusta intesa umoristica giocheremo con differenti tipi di risposta.
A si alza e si dirige verso B (o un altro elemento del gruppo), lo saluta e gli rivolge un complimento. Una raccomandazione: il complimento deve riguardare qualcosa di immediatamente percepibile e condivisibile da tutti gli altri elementi del gruppo.
B può rispondere:

- in modo accogliente: ringraziando semplicemente A del complimento ricevuto;
- in modo bilanciato: ricambiando e facendo a sua volta un complimento ad A;

---

[5] Cfr. Matteo Andreone, Rino Cerritelli, *Una risata vi promuoverà*, op. cit.

- in direzione opposta: rispondendo con l'obiettivo di sminuire il complimento ricevuto;
- nella medesima direzione, cioè con un'auto-esaltazione iperbolica.

In quest'ultimo caso B, partendo dal complimento di A, dovrà cercare il più possibile di incensarsi, raggiungendo vette di auto-esaltazione così eccessiva da divenire insostenibile e costringendo A a controbattere con una puntualizzazione finalizzata a ridimensionare il complimento iniziale.

Stessa cosa si può fare con una critica...
A rivolge una critica a B.
B può rispondere:

- confermando e ringraziando;
- contrattaccando con una critica altrettanto forte;
- giustificandosi e sminuendo la critica;
- rincarando la critica e mortificandosi ancora di più, provocando in A una replica confortante, finalizzata a ridimensionare la critica iniziale.

Assisteremo, ridendo, alla nascita del gioco umoristico ogni volta che si sarà creato il giusto ambiente pre-umoristico, quando cioè gli elementi contenuti nel complimento/critica e nelle conseguenti risposte saranno in qualche modo condivise sia da chi ne è in quel momento protagonista (nel caso A e B) sia da chi osserva (il gruppo).

I complimenti e le critiche, come le varie repliche, si trasformeranno in umoristiche quando raggiungeranno un'assurdità che potrà essere condivisa da tutti e confermata attraverso il riso generato.

Ricordiamoci sempre che la sintonia umoristica si ottiene con un'intesa non semplicemente basata sull'osservazione e l'utilizzo di elementi (fatti, situazioni, argomenti e sensazioni) reali, che sono sotto gli occhi di tutti, ma giocando con essi in modo plausibile e cercando di superarli in modo condiviso.

Vero maestro di caricatura dell'approccio era ad esempio Alberto Sordi, la cui capacità di rincarare la critica mossagli dall'interlocutore è portata a livelli al limite del parossismo, consentendogli di generare un'irresistibile comicità. Esemplare in questo senso è, ad esempio, il personaggio nel film *Il vedovo*[6], in cui Sordi reagisce alle parole di conforto di amici e colleghi, vicini a lui per l'improvvisa perdita della moglie (Franca Valeri), fingendo e rincarando una contrizione che in realtà

---

[6] Film del 1959 diretto da Dino Risi.

non prova. Memorabili anche i duetti tra la stessa Franca Valeri e Vittorio De Sica, nel film *Il segno di Venere*[7]. Ancora un'applicazione differente di questa tecnica possiamo trovarla nel film *I soliti ignoti*[8], nell'incontro di Vittorio Gassaman e Memmo Carotenuto, davanti al giudice {☞ **Accusati riconcilianti**}.

Più di recente, un famosissimo esempio di caricatura dell'approccio relazionale la offre John Belushi, nel film *The Blues Brothers*[9]. Inseguito per quasi tutta la durata del film dalla fidanzata, da lui abbandonata sull'altare poche settimane prima, e che lo ritrova finalmente in un condotto fognario, messo alle strette e minacciato con un fucile, Belushi sbotta con una caricatura di giustificazione. Il breve monologo che ne segue è un piccolo capolavoro umoristico che concentra in sé le tecniche di caricatura dell'approccio e dell'esasperazione delle cause e delle conseguenze (tecnica che vedremo in seguito). Egli porta una serie di giustificazioni al suo imperdonabile comportamento arrivando in pochi secondi dall'essere rimasto senza benzina… all'invasione delle cavallette {☞ **John Belushi e l'invasione delle cavallette**}.

PALESTRA UMORISTICA: ALCUNI STRATAGEMMI PER INDIVIDUARE E FORMARE IL PROPRIO LINGUAGGIO COMICO

> *Ho appena scoperto che per dimagrire non basta iscriversi in palestra … bisogna anche andarci.*
> @frandiben, Spinoza[10]

Entriamo nella nostra palestra umoristica e iniziamo a conoscere da vicino questi stratagemmi compulsivi, che si dividono in:

- *individuali*, cioè riguardanti il proprio comportamento e il proprio modo di essere di fronte a un pubblico;
- *relazionali*, cioè riferiti all'azione e alla relazione con altri attori sulla scena.

Essi costituiscono un fondamentale training suddiviso in cinque punti, che consente di sviluppare un linguaggio comico originale attraverso:

1) *osservazione e analisi del meccanismo puro* – in cui, dopo una breve fase di riscaldamento preparatorio, conosciamo e cerchiamo di comprendere le diverse fasi del meccanismo proposto;

---

[7] Film del 1955 diretto da Dino Risi.
[8] Fim del 1958 diretto da Mario Monicelli.
[9] Film del 1980 diretto da John Landis.
[10] Blog satirico collettivo italiano fondato nel 2005.

2) *azione e adattamento al meccanismo* – in cui agiamo come protagonisti e improvvisiamo liberamente all'interno del meccanismo stesso;
3) *osservazione e analisi delle nostre reazioni* – in cui osserviamo il nostro comportamento come attori all'interno del meccanismo e ne analizziamo la potenzialità espressiva;
4) *distacco umoristico* – in cui proviamo a osservare le nostre reazioni come pubblico di noi stessi, cercando di isolare solo ciò che è umoristicamente percepibile, cioè tutto ciò che ci fa ridere;
5) *rappresentazione delle azioni* – in cui, infine, riproponiamo il meccanismo, ripulito dalle parti non rilevanti dal punto di vista comico.

Nel seguire queste fasi, non dobbiamo mai dimenticarci dell'elemento fondamentale che le fa vivere e ne conferma l'efficacia: la risata. Non solo però la risata di chi ci osserva nelle fasi conclusive ma anche la risata che scaturirà da noi stessi, nell'attenta osservazione del nostro stesso agire.

Stratagemmi compulsivi individuali
◆ Stratagemma I: humor self promotion
Ripartiamo dall'ultimo esercizio eseguito nel capitolo precedente e mandiamo il nostro amico A sul palcoscenico, da solo.
Se vi ricordate, le regole erano semplici: tre secondi prima di entrare in scena, arrivare al centro del palco simulando una deformazione professionale, dire qualcosa che non sia riferito in alcun modo alla nostra deformazione, dirigersi verso l'uscita e, prima di essere definitivamente usciti di scena, fermarsi e dire il mestiere esercitato.
Ora aggiungiamoci un particolare che renderà il tutto più contestuale e mirato a qualcosa che inizia a somigliare a una performance.
A entra in scena e parla della propria capacità di fare qualcosa: può essere una cosa che, nel mondo, sa fare solo lui (ad es. aumentare e diminuire di peso in pochi secondi) oppure una cosa che sanno fare tutti (ad es. fare parcheggi in retro) ma lui è in grado di farla meglio di chiunque altro.
Nel corso della spiegazione dovrà stare immobile, cioè non deve fare alcun movimento o azione che possa rappresentare in qualche modo la propria capacità.
Al termine del breve monologo, durante il quale si incensa in modo iperbolico, A si dirige verso le quinta ma, un attimo prima di uscire di scena, si ferma e rappresenta, con una semplice azione mimata, se stesso in azione.
L'esercizio ha lo scopo prima di creare la connessione, stimolando l'im-

maginario umoristico del pubblico, quindi di stabilire un'intesa, soddisfacendolo con la rappresentazione conclusiva.
La conferma e, insieme, lo spiazzamento ottenuto tra ciò che il pubblico immagina e ciò che vede genereranno un effetto comico solo se e quando i due fattori si equivarranno.
Stessa cosa potremo fare attraverso una narrazione che prescinda da ciò che sappiamo fare e rappresenti invece una breve storia.
Nell'esercizio che segue, per esempio, racconteremo una particolare avventura accadutaci attraverso il racconto di un film che ci veda protagonisti in terza persona.

✦ Stratagemma II: narrazione indiretta autobiografica
A entra in scena e, nelle vesti di un semplice spettatore, parla di un film che ha visto. Il film ha un titolo inventato, che rappresenta in qualche modo il racconto stesso e che, magari, comprende anche lo stesso nome del protagonista (ad es. *Storia di A*) e un sottotitolo (ad es. *Le conseguenze di un'amicizia sbagliata*).
A parlerà del film, ne dirà titolo e sottotitolo, ne descriverà la locandina, ne illustrerà scene, protagonisti, dialoghi e racconterà la storia, considerando se stesso il protagonista, quindi parlando di sé in terza persona.
Al termine del racconto si dirigerà verso le quinte ma, prima di uscire di scena, declamerà ancora una volta titolo e sottotitolo del film e ne rappresenterà il manifesto, restando un attimo in fermo immagine.

✦ Stratagemma III: narrazione con domande incongrue ricollocate
Un'evoluzione del precedente esercizio, mettendoci direttamente in relazione con il pubblico, ci aiuta a entrare ancor più nello studio del nostro linguaggio comico.
A entra in scena e, come sopra, parla di un film che ha visto, ora però nelle vesti di un critico cinematografico. Questa volta può essere un film inventato come un film qualsiasi, conosciuto e visto davvero (es. *Titanic*). Dopo poco il pubblico, composto da virtuali giornalisti di alcune note, ipotetiche testate, potrà iniziare a fare domande.
Ogni domanda dovrà partire da un presupposto che inizialmente conosce solo il giornalista in questione (e che poco c'entra con il film appena raccontato) ma che, appena posta, diventa l'assoluta realtà, in base alla quale A dovrà rispondere.
Ad esempio B potrà chiedere: «Perché il film, pur parlando di un naufragio storicamente avvenuto in pieno oceano Atlantico, è stato girato interamente in Boemia?».
Oppure C: «Come mai il film è stato così aspramente criticato dalla comunità ebraica di Sidney?».

O, ancora, D: «Che significato ha la famosa scena della mortadella? Che cosa voleva davvero simboleggiare il regista argentino?».
Naturalmente, come sappiamo, *Titanic* non è stato diretto da un argentino, non prevede una "scena della mortadella", non è mai stato criticato da alcuna comunità ebraica e tantomeno è stato girato nelle pianure di Boemia ma, quando la domanda è posta, tutto ciò diventa realtà.
Il critico A dovrà quindi considerare legittima ogni domanda postagli e rispondere a tutte in modo chiaro e preciso, fornendo interpretazioni, spiegazioni, motivazioni e ipotesi.
Come nel caso dell'esercizio di ascolto e sconnessione di senso e di quello sui campi semantici, anche in questo caso l'attore A dovrà seguire le istanze del pubblico, accettarle tutte e, adattandosi a esse, modificare il proprio percorso espositivo logico a vantaggio della totale connessione e dell'assoluta sintonia con il pubblico.
Una realizzazione scenica evoluta di questo stratagemma di allenamento è utilizzata ad esempio da I Boiler (Federico Basso, Giovanni Cinelli e Davide Paniate) nel fare domande e da Paola Cortellesi e Claudio Bisio nel dare risposte {☞ **Giornalisti intriganti**}.

Ora che ci stiamo impratichendo del palcoscenico, proviamo a esercitarci con un primo stratagemma che contempla e rispetta una delle regole base del linguaggio comico: *la comicità non si agisce, si è agiti da essa.*
Per capirci meglio, ritorniamo a quanto detto, parlando a proposito del pensiero umoristico, quando ci siamo trovati di fronte al dilemma di dover agire attraverso la naturalezza dei nostri fallimenti e delle nostre inadeguatezze e, nello stesso tempo, di imparare a farlo con pratica e allenamento.
L'attore comico non è mai "bravo" o "non bravo", l'attore comico "fa ridere" o "non fa ridere", palesando in modo chiaro i propri limiti e i propri difetti e, nel contempo, governandoli e veicolandoli attraverso un linguaggio preciso.
Questo può accadere solo quando l'attore ha imparato ad agire all'interno della propria comicità senza prevaricarla e appannarla con il proprio ego espressivo, quando ciò che offro al pubblico è l'abilità non di dimostrare al meglio la mia inadeguatezza ma di nasconderla.
Il comico non contiene la propria comicità ma ne è contenuto, non ha la comicità al centro di esso ma egli stesso è al centro della propria comicità. Il pubblico non vede l'attore, vede la sua comicità.
Dobbiamo allenarci a dimostrare le nostre difficoltà e i nostri difetti nascondendoli e lasciando che sia questo ciò che il pubblico vede.
Facciamolo con il seguente stratagemma, denominato "esaltazione dell'incompatibilità malcelata".

◆ Stratagemma IV: esaltazione dell'incompatibilità malcelata
A sale sul palcoscenico e inizia a improvvisare un monologo, parlando di sé, del proprio lavoro, della propria giornata ecc...
Nel corso del monologo gli arriverà uno dei biglietti che avremo in precedenza preparato, contenenti una situazione precisa a cui A dovrà attenersi.
Alcuni esempi di situazione possono essere: "Quei sette litri d'acqua che hai bevuto prima di salire sul palco... stanno cominciando a fare il loro effetto"; "L'umidità della sala sta inceppando le giunture del tuo finto braccio sinistro e della tua finta gamba destra"; "In sala è seduto un notissimo regista di film hard... su cui vuoi assolutamente fare colpo per coronare il tuo sogno di diventare attore porno".
Appena ricevuto il bigliettino, A dovrà far finta di niente, leggere velocemente l'indicazione contenuta e proseguire, come niente fosse, il monologo. L'indicazione diventa realtà.
Nel proseguire, A rivela pian piano la condizione posta o, meglio, la condizione stessa si impossessa sempre più prepotentemente di A. Continuerà quindi il monologo cercando di portarlo a termine senza che il pubblico si accorga di nulla ma, proprio nel disperato tentativo di nascondere l'insostenibile condizione, egli la rivelerà al pubblico.
Per avere un esempio di questa tecnica scomodiamo ancora una volta Totò, che nel film *Totò lascia o raddoppia*[11] deve decidere se lasciare o raddoppiare la posta in gioco, proseguendo o terminando il gioco a premi. Il suo comportamento di fronte alle telecamere è snaturato dal fatto che in sala, all'insaputa del pubblico, ci sono due pericolosi individui che minacciano la sua vita {☞ **Totò conte**}.
Ma malcelata può essere anche l'incompatibilità cognitiva, quella di Walter Chiari, che tenta di nascondere la propria ignoranza nel famosissimo sketch del Sarchiapone, o di Paolo Villaggio, che cerca disperatamente di dimostrarsi all'altezza del capoufficio, pur non sapendo assolutamente di cosa egli stia parlando {☞ **Fantozzi e il capoufficio**}.

◆ Stratagemma V: adattamento individuale a contesto
Il seguente stratagemma consente invece di allenare il proprio linguaggio umoristico attraverso la connessione e l'intesa immediata con altri attori che intervengono sul palcoscenico.
A entra, come di consueto, in scena e, al solito, inizia un monologo improvvisato. Nel frattempo, altri due attori (mettiamo B e C) si sistemano dietro le quinte laterali, pronti a loro volta a entrare in scena alternandosi.

---

[11] Film del 1956 diretto da Camillo Mastrocinque.

Mentre A parla, entra in scena B, che ha il compito di innescare con il primo una relazione, suggerendogli quindi un ruolo, un'emozione, una situazione e un argomento precisi. Tra i due non ci sarà alcun accordo preventivo, al suo ingresso B si comporterà esattamente come richiede la situazione che ha in mente, rivolgendosi ad A nei modi e nei termini che ritiene più opportuni. A dovrà cercare di comprendere o, quantomeno, di intuire la situazione proposta da B e adattarvisi, creando immediatamente il personaggio e lo stato emotivo adatto a inscenarla.

Il contesto e il personaggio nuovo impongono quindi anche un diverso ambiente: B potrà immaginare di essere in un negozio, in casa, in uno spazio aperto, sott'acqua, sulla luna o in qualsiasi altro luogo e tempo. Qualunque sia l'ambiente che ha in mente B, A dovrà intuirlo nel più breve tempo possibile e adattarvisi. Se non lo capisce al volo, dovrà fare finta di niente e continuare l'improvvisazione, collaborando con B (magari restando inizialmente sul vago), fino a quando non sarà chiaro.

Dopo un minuto circa di improvvisazione, B esce di scena e A, tornando neutro, continua il proprio monologo come niente fosse, dal punto in cui era stato interrotto. Continua però per pochi secondi, solo fino a quando C, entrando dalla quinta opposta, non propone una nuova situazione e un diverso personaggio cui A dovrà adattarsi.

L'esercizio deve durare alcuni minuti, per consentire ad A, attraverso l'alternarsi di relazioni improvvisate con B e con C, di allenare la propria capacità di connettersi e creare un'intesa immediata sia con il pubblico sia con gli attori in scena.

Il meccanismo è ampiamente trasformato in gag nelle commedie degli equivoci, nei casi in cui un unico personaggio si trova a dover interpretare diversi ruoli o identità in un'unica scena. Esempio tipico è il marito che per errore dà appuntamento alla stessa ora nello stesso luogo alla moglie e all'amante. La comicità nasce dal tentativo di adattamento immediato del personaggio che si sforza di mantenere distinti le due persone e le due situazioni e anche le due o più identità che incarna. Provate per esempio a guardare Enrico Montesano, cameriere in un grand hotel, alle prese con la giovane figlia, ospite della stessa struttura, che lo ritiene invece un ricco imprenditore {☞ **Montesano, nobile cameriere**}.

♦ Stratagemma VI: spiazzamenti di postura e di parola 1

L'ultimo stratagemma che presentiamo in questa prima parte è riferito agli *spostamenti del punto di osservazione* ed è diviso in due fasi:

1) prima fase: spiazzamento posturale di parola (allenam. per B);
2) seconda fase: spiazzamento verbale di postura (allenam. per A).

Prima fase: Spiazzamento posturale di parola
A e B salgono sul palcoscenico: il primo si dispone di fronte al pubblico, il secondo si sistema di spalle, qualche passo indietro.
A è un famoso relatore che sta per presentare qualcosa (una storia, un argomento, un prodotto ecc...) e, per essere più chiaro ed esauriente, ha portato con sé alcune diapositive che farà vedere al pubblico.
B è... tutte le diapositive.
A annuncerà subito il titolo e l'argomento della relazione, quindi inizierà a parlare. Ogni volta che ne sentirà il bisogno, egli descriverà esattamente la diapositiva che sta per proporre, quindi la mostrerà al pubblico attraverso la postura in fermo immagine che, a un segnale prestabilito, B rappresenterà.
Attraverso la propria postura, egli si sforzerà di rappresentare qualsiasi cosa sia richiesta: oggetto, persona, animale, ambiente, gruppo di persone, panorami, immagini astratte.
B dovrà far lavorare la fantasia, sforzandosi (in qualsiasi modo il corpo e il volto gli consentano) di rappresentare la diapositiva il più fedelmente possibile, secondo le precise indicazioni di A.

Seconda fase: spiazzamento verbale di postura
L'esercizio parte nello stesso modo ma si sviluppa al contrario: questa volta le diapositive precedono sempre la loro descrizione.
A inizierà a parlare senza annunciare il titolo, né l'argomento della relazione ma, anzi, agevolerà senza indugio la prima diapositiva, che B realizzerà a suo piacere, assumendo una postura a caso.
Solo dopo aver mostrato la prima diapositiva, A annuncerà titolo e argomento, seguendo l'ispirazione datagli dalla postura di B.
Da questo momento, A farà sempre vedere la diapositiva prima di commentarla e non potrà più cambiare argomento. B, a sua volta, cercherà di assumere posture quanto più astratte e difficilmente contestualizzabili nell'argomento di A.
Anche in questo caso, un'avvertenza: le diapositive create da B devono essere interpretate da A come rappresentanti non solo e non semplicemente un individuo singolo ma qualsiasi soggetto.

Stratagemmi compulsivi relazionali
✦ Stratagemma VII: intesa/scambio
Gli allenamenti di intesa e scambio sono il nostro primo stratagemma da fare in gruppo e per fare il gruppo e ci consentono di stabilire connessione e intesa comica attraverso l'adattamento e l'immediato cambio di punto di vista. Anche questo allenamento è diviso in due fasi:

1) prima fase: esercitazione nello spazio (preparatoria);
2) seconda fase: esercitazione in scena (espressiva).

Prima fase: Esercitazione nello spazio
Facciamo camminare il gruppo nello spazio utilizzato per il nostro allenamento: ognuno camminerà con la propria andatura e la propria velocità. Al primo comando, "Stop", tutti si bloccheranno in fermo immagine, mantenendo la propria postura e la propria posizione nello spazio. Al secondo comando, "Connessione", ognuno dovrà guardarsi intorno e cercare di stabilire un contatto visivo con una e una sola persona. Ricordiamo che la connessione (in teatro come nella vita) si stabilisce quando lo sguardo è ricambiato, non insistete quindi su qualcuno se questo non vi si fila. Stabilita la connessione, arriverà il terzo comando "Intesa", in cui ognuno dovrà osservare attentamente, memorizzandole, la postura e la posizione nello spazio della persona con cui è connesso. Infine l'ultimo comando "Cambio", che obbligherà tutti a sostituirsi con la persona cui si è connessi, cambiando postura e posizione nello spazio e assumendo quelle dell'altro. Al "Via" tutti riprenderanno a muoversi partendo dalla nuova posizione. Terminato il cambio, si riprenderà ancora a camminare, con andature sempre diverse e compiendo differenti azioni (salutarsi, abbracciarsi, sedersi, prendere oggetti, correre, "nuotare nell'aria" ecc...) fino al successivo "Stop... connessione... intesa... cambio... via".

Seconda fase: esercitazione in scena
Terminata la fase di riscaldamento libero nello spazio, trasferiamo il meccanismo sulla scena. Quattro/cinque attori pensano a una scena da realizzare sul palco, ne scrivono il canovaccio e ne stabiliscono personaggi e interpreti.
Esempio:
Titolo: *L'interrogatorio*
Personaggi: A (il commissario buono), B (il poliziotto cattivo), C (il battitore a macchina/computer), D (l'interrogato), E (il cameriere che porta il caffè). La realizzazione dello sketch sarà naturalmente improvvisata. Durante lo svolgimento della storia ci sarà il comando "Stop... connessione... intesa... cambio" in funzione di cui ogni attore cambierà posizione e personaggio. Per esempio, A e C si sostituiscono, diventando uno l'interrogato e l'altro il commissario buono ecc... Se il numero degli attori è dispari, ne resterà sempre uno che non avrà stabilito connessione e intesa con alcuno. Al "Via" tutti riprenderanno a muoversi partendo dalla nuova posizione e dal personaggio cui si sono sostituiti.

✦ Stratagemma VIII: inversioni dinamiche di ruolo e atteggiamento
Le inversioni di ruolo e atteggiamento sono un meccanismo naturale di adattamento che attiviamo, nella vita di tutti i giorni, al fine di sintonizzarci con le situazioni e con le persone che ci circondano. Per esem-

pio: un manager efficiente, in grado di gestire molte persone e grandi responsabilità, può diventare, tornando a casa, un marito imbranato, continuamente assistito e ripreso dalla moglie; un saggio e premuroso padre di famiglia può essere, la domenica, il più scapestrato e irresponsabile tra gli amanti del rafting; una donna innamorata e respinta da un uomo può essere, nello stesso tempo, il desiderio impossibile di un altro uomo, a sua volta amante respinto, oppure dello stesso uomo, magari l'anno successivo. Insomma, l'atteggiamento nei confronti di situazioni che viviamo e persone che ci circondano dipende dal ruolo che, di volta in volta, ci troviamo a interpretare. Questo meccanismo diventa stratagemma compulsivo, propedeutico allo sviluppo dell'intelligenza comica, se consapevolmente applicato alla simulazione di una serie concatenata di quegli stessi ruoli e atteggiamenti che, nella vita reale, sono normalmente separati e distanti nel tempo o nello spazio, quindi vissuti come eventi unici, non legati tra loro. Duplice obiettivo di questo stratagemma è: ridurre notevolmente la distanza di tempo che separa i nostri radicali cambiamenti di ruolo e atteggiamento e riuscire ad alternarli con la medesima persona. Gli esercizi sono complessi, articolati e da fare in coppia. Per esemplificare ne proponiamo solo uno composto da quattro movimenti di azione e uno di inversione (switch).

Me ne vado
A e C si trovano uno di fronte all'altro.
1° movimento/azione:
C si allontana da A e dice ad alta voce: «Uno».
A lo trattiene per il braccio e pronuncia a sua volta: «Uno».
2° movimento/azione:
C si libera e si allontana di nuovo, dicendo ad alta voce: «Due».
A lo trattiene, prendendogli le spalle, e pronuncia: «Due».
3° movimento/azione:
C si libera e si allontana ancora da A e dice ad alta voce: «Tre».
A si butta a terra e gli abbraccia una gamba, pronunciando: «Tre».
4° movimento/inversione:
C si ferma, tocca la spalla di A e dice: «Quattro».
A si rialza e dice: «Quattro».

Inversione
A e C si ritrovano a questo punto uno di fronte all'altro, come da posizione di partenza:
1° movimento:
A si allontana da C e dice ad alta voce: «Uno».
C lo trattiene per il braccio e pronuncia a sua volta: «Uno».
Ecc…

L'esercizio di riscaldamento deve durare alcuni minuti, con diverse inversioni tra A e C. Al termine della fase di riscaldamento proveremo a sostituire i numeri con parole che possano motivare le nostre azioni, cercando di non ripeterci mai e di lasciare libera la fantasia di trovare frasi congrue e plausibili alla situazione.
Esempio:
A e C si trovano uno di fronte all'altro.
1° movimento:
C si allontana da A e dice ad alta voce: «Me ne vado».
A lo trattiene per il braccio e dice: «Ma perché? Stai ancora cinque minuti scusa...».
2° movimento:
C si libera e si allontana di nuovo, dicendo: «Ma neanche dieci minuti».
A lo trattiene, prendendogli le spalle, e dice: «Scusami, cinque minuti ti ho chiesto, ci sono gli altri...».
3° movimento:
C si libera e si allontana ancora da A e dice: «Ma stai scherzando, io voglio andare via».
A si butta a terra e gli abbraccia una gamba, supplicando: «Ti prego, ci sono anche gli altri, stanno aspettando... aspettavano te».
4° movimento:
C si ferma, tocca la spalla di A e dice: «Va beh, dai, se ci sono anche gli altri...».
A si rialza e dice: «Come gli altri?».

Inversione
1° movimento:
A si allontana da C e dice: «Ah... solo perché ci sono gli altri!».
C lo trattiene per il braccio e pronuncia a sua volta: «Ma no, l'importante è che ci sia tu».
2° movimento:
A si libera e si allontana, dicendo: «Allora ci vai da solo dagli altri».
C lo trattiene, prendendogli le spalle, e dice: «Ma no, vieni anche tu».
3° movimento:
A si libera e si allontana ancora da C e dice ad alta voce: «No, lasciami stare. Vai tu dagli altri, di' che li aspetto, insomma... fai quello che vuoi ma vattene da solo».
A si butta a terra e gli abbraccia una gamba, dicendo: «Ma no, dai, ti prego. Fallo per me, dai. Io ci tengo ad andare con te... ti supplico».
4° movimento:
A si ferma, tocca la spalla di C e dice: «Va beh, dai, alzati. Mi fai pena quando supplichi».
C si rialza e dice: «Pena?».

Inversione
C, guardando negli occhi A, esclama: «Ah... quindi ti faccio pena?».
A, un po' pentito per ciò che ha detto, tenta di fermare C e dice: «Ma no, solo quando supplichi».
Possiamo innescare le inversioni di ruolo e atteggiamento con altre modalità, diverse per argomento e dinamica, ad esempio: vieni via con me; fammi entrare; ti spacco la faccia; ti amo.

✦ Stratagemma IX: humor self promotion a coppie
Prima di conoscere e applicare il nono stratagemma rileggiamo un attimo due esercizi: *Caricatura dell'approccio relazionale* a p. 78 e *Stratagemma I: humor self promotion* a p. 81. Ci serviranno l'una per la tecnica da utilizzare e l'altra per la sua applicazione.
Anche questo stratagemma è diviso in due fasi:

1) prima fase: autopromozione con ricarico e sminuimento;
2) seconda fase: slogan con ricarico e sminuimento (espressiva).

Prima fase: Autopromozione con ricarico e sminuimento
Questa volta salgono sul palco due attori, A e B: il primo parlerà di se stesso e di cosa sa fare. Il secondo invece è il testimone, colui che, personalmente, ha visto A all'opera.
A al contrario di ciò che ha fatto nel primo stratagemma, si limiterà a dire semplicemente cosa sa fare, senza minimamente incensarsi per questo.
Senza alcuna preparazione né accordo preventivo, entrano entrambi in scena, raggiungono il centro del palco, si guardano per un attimo e si voltano verso il pubblico: A parlerà per primo, per alcuni secondi, quindi tornerà neutro; B parlerà per secondo e tesserà le lodi di A presentandocelo come un fenomeno straordinario, unico.
Terminato il tutto, i due attori si guardano per un momento e si dirigono verso le quinte. Un attimo prima di sparire dietro le quinte, senza aggiungere parole, il primo farà semplicemente vedere se stesso in azione mentre il secondo farà vedere se stesso nell'atto di assistere o usufruire del servizio.
Si ripeterà poi la medesima scena ma B, questa volta, sostituirà il ricarico (adulazione) con una critica feroce (sminuimento).

Seconda fase: Slogan con ricarico e sminuimento
La seconda fase è uguale alla prima ma adesso A sostituirà la propria autocelebrazione con una *reificazione promozionale dell'io*.
Questa definizione apparentemente ostica nasconde in realtà una semplice operazione di trasformazione di se stesso in oggetto. A non si presenterà più come un essere umano che sa fare benissimo qualcosa

in particolare, bensì come un vero e proprio prodotto o un servizio. Per promuovere se stesso, egli non dovrà quindi parlare molto ma lanciare semplicemente uno slogan sullo stile pubblicitario, ad esempio "A, dieci piani di morbidezza" oppure "A, tutta la freschezza delle steppe siberiane" o ancora "A, un caldo compagno per le lunghe notti d'inverno".

Non si dovrà necessariamente capire di quale prodotto o di quale servizio si tratta, lo slogan non dovrà essere troppo didascalico, anzi, meno lascerà intendere più sarà efficace per l'esercizio.

B dovrà ancora una volta esserne il testimonial, colui che ha provato il prodotto A o usufruito del servizio A e ne parlerà bene al pubblico nel tentativo di invogliare tutti a fare altrettanto.

La tecnica esecutiva è la stessa della fase precedente.

◆ Stratagemma X: dissociazione di opinione/atteggiamento
Restando sempre agli stratagemmi di coppia, ecco un esercizio utile a stabilire una connessione e un'intesa tra attori, a prescindere dallo stato emotivo, dall'argomento e dal punto di vista.

Prima di iniziare occorre stabilire un argomento su cui A e B si confronteranno sul palco. Quindi procediamo...

Accordo di opinione e atteggiamento
In questo caso se, per esempio, scegliamo come argomento "la zona pedonale in centro città", i due attori saranno entrambi a favore o a sfavore di essa e discuteranno pacatamente (ma con fermezza) tra loro, dandosi reciprocamente ragione e rinforzando ognuno la propria convinzione attraverso l'accettazione di quella altrui.

Disaccordo di opinione e atteggiamento
Adesso cambiamo argomento, scegliamo di parlare di "gli attori moderni, sono migliori o peggiori di quelli di una volta?" e lasciamo scegliere ciascuno dei nostri due attori se preferiscono essere pro "attori moderni" o pro "quelli di una volta": se A sarà a favore degli uni, B sarà tenacemente a favore degli altri, e viceversa. Questa volta i due discuteranno animatamente, ognuno per difendere con decisione il proprio punto di vista. Sostenendo un'opinione diametralmente opposta essi avranno un atteggiamento oppositivo tra loro e, in alcuni momenti, arriveranno quasi al litigio.

Accordo di opinione e disaccordo di atteggiamento
Per non fossilizzarci, scegliamo ancora un altro argomento: "È meglio vivere in città o in campagna?".
Ora le cose si complicano, poiché A e B la pensano nello stesso identico modo in riguardo, ma il loro atteggiamento sarà decisamente oppo-

sitivo. Così facendo, potranno dissociare il contenuto dalla forma, arrivando addirittura al litigio mentre sostengono il medesimo punto di vista.

Disaccordo di opinione e accordo di atteggiamento
Prendendo un altro argomento a caso, ad esempio "Parigi è una bella città per passare la luna di miele?", andiamo in direzione opposta, cioè decidiamo che A e B la pensino in modo totalmente diverso ma discutano tra di loro come se avessero il medesimo punto di vista. Anche in questo caso i due attori dissoceranno la forma dal contenuto, avvalorandosi reciprocamente le tesi e dandosi pacatamente ragione l'un l'altro su un argomento che li vede su posizioni totalmente diverse.
Sulle dissociazioni opinione/atteggiamento hanno giocato molto Aldo Giovanni e Giacomo nella preparazione dei loro sketch in *Su la testa*[12], in cui un'intervistatore poneva domande a due persone che, pur pensandola in maniera identica, litigavano furiosamente {☞ **Accordo e disaccordo opinione/atteggiamento**}.
Una versione molto evoluta dello stesso meccanismo lo offre Achille Campanile nel dialogo tra Edmondo e Piera (marito e moglie) compreso nella commedia in quattro atti intitolata *Il viaggio di Celestino*. In questo straordinario duetto comico, i due litigano, arrivando fino a minacciare il divorzio. Motivo del litigio, semplicemente il fatto di essere sempre d'accordo su tutto.

✦ Stratagemma XI: spiazzamenti incrociati di postura e di parola
L'undicesimo stratagemma che vediamo è la continuazione del settimo e ne riunisce le due fasi in un'unica e ultima, comprendente, nella stessa scena, gli spiazzamenti posturali di parola e quelli verbali di postura. Gli attori in scena sono quattro: A (in proscenio, sul lato sinistro) è il primo relatore, B (in proscenio sul lato destro) è il secondo relatore e C e D (in centro palco, un po' indietro rispetto ai relatori) realizzeranno insieme tutte le diapositive.
A e B non si guarderanno mai e non avranno alcuna relazione tra loro, poiché immaginiamo siano in due contesti diversi, di fronte a due differenti uditori.
A dice subito l'argomento (es. "Come preparare un ottimo sushi"), inizia la propria presentazione e, poco dopo, descrive esattamente la diapositiva che ci fa vedere e che C e D realizzano. La diapositiva potrà rappresentare qualsiasi cosa: un cuoco giapponese, l'insegna di un ristorante, una porzione di tonno, le bacchette per mangiare ecc… Proposta la diapositiva, A tornerà neutro.

---

[12] Programma televisivo condotto da Paolo Rossi andato in onda su Rai 3 nel 1992.

È la volta di B, che parlerà di un argomento totalmente diverso (es. "Una gita in agriturismo") ma inizierà la sua presentazione proprio dalla diapositiva impostata da A, che per lui, ovviamente, ha un altro significato. Terminata l'illustrazione della prima diapositiva, descrive quella successiva che, in questo caso, potrà rappresentare una cascina, un contadino, attrezzi da lavoro, dei cavalli, un panorama collinare ecc... Quindi torna neutro.

La parola tornerà ad A che riprende a parlare dal punto in cui aveva terminato, iniziando a illustrare proprio la diapositiva impostata da B ma contestualizzandola nel proprio argomento.

In pratica, ciò che per A (e per il pubblico), un attimo prima, sono due bacchette, per B (e per il pubblico), un attimo dopo diventano inequivocabilmente due pali di un recinto o due spaventapasseri.

Con un po' di creatività da parte degli attori e un po' di fantasia da parte del pubblico, le immagini saranno entrambe plausibili e congrue all'uno e all'altro argomento. L'importante è sempre cercare una sintonia con il pubblico attraverso la connessione su ciò che è visibile e un'intesa su ciò che è possibile.

L'esercizio può durare dai cinque ai dieci minuti, consentendo ai due attori di impostare e commentare almeno dieci diapositive a testa.

◆ Stratagemma XII: adattamento di gruppo a singolo
Continuando nel percorso di connessione e intesa incontriamo ora uno stratagemma che, partendo dall'esercizio di *adattamento individuale a contesto*, visto nel paragrafo precedente, ne costituisce completamento e conclusione. Se però l'esercizio precedente metteva alla prova la capacità di adattamento del singolo attore, *l'adattamento di gruppo a singolo*, come dice il nome stesso, valorizza e allena la capacità di adattamento del gruppo a numerosi e differenti contesti.

Dal momento che ci siamo ormai abituati, dividiamo anche questo stratagemma in due fasi:

1) andata;
2) ritorno.

Andata
L'esercizio parte con un solo attore in scena, questa volta B (ma sì, dai... lasciamo un po' riposare A), che inizia un classico, semplice, monologo improvvisato.

Come nel quinto stratagemma, un secondo attore, C, fa improvvisamente il suo ingresso sul palco, imponendo a B una situazione, un ambiente, un personaggio e uno stato emotivo nuovi.

Dopo avere un po' improvvisato, però, questa volta C non esce di scena ma, insieme a B, attende l'ingresso del terzo attore, A (eccolo di nuovo), il quale porta in dote una diversa situazione, che richiede ambiente, personaggi e stati emotivi nuovi, a cui i primi due dovranno immediatamente adattarsi.

Dopo A toccherà a D, E, F e G, ognuno dei quali sarà il portatore di una novità ambientale emotiva e situazionale. L'intero gruppo, sempre più numeroso, dovrà costantemente adattarsi a ogni novità sopraggiunta con l'ultimo attore entrato in scena e ogni suo componente dovrà, a ogni nuovo ingresso, domandarsi: chi è questo che è entrato, che relazione ha con me, dove siamo, chi sono gli altri, chi sono io, che ci faccio qui, ho un preciso ruolo nel gruppo e, se sì, quale? E, naturalmente, rispondersi nel più breve tempo possibile.

Ritorno
Quando tutti gli attori sono in scena a parlare e muoversi nell'ultimo contesto, possiamo andare a ritroso, con l'uscita di scena dell'attore che lo ha proposto (nel nostro caso G).

All'uscita di scena di G, il gruppo torna in un batter d'occhio al contesto precedente, quello proposto da F. Dopo poco anche F troverà una scusa per uscire di scena e questo obbligherà il gruppo, sempre più ristretto, a tornare al contesto proposto da E, ecc...

L'esercizio si termina solo quando il primo attore, B, torna a essere da solo in scena, riprendendo, come niente fosse, e concludendo il monologo che aveva iniziato.

Un'idea di adattamento di gruppo a singolo la offrono per esempio Totò, Gassman, Mastroianni, Salvatori, Murgia e Pisacane in una scena del già citato film *I soliti ignoti*. Nei panni di un'improbabile banda di rapinatori, riuniti nel terrazzo dell'ultimo piano di un condominio per studiare il piano di una rapina, sono sorpresi dai carabinieri... e si trasformano immediatamente in un ancor più improbabile gruppo di massaie intente a stendere i panni {☞ **I soliti ignoti diventano massaie**}.

✦ Stratagemma XIII: comando arbitrario programmato
Per eseguire correttamente l'esercizio occorre una fase di preparazione in cui gli attori, a coppie, si allenano per un po' nello spazio. Quindi, tanto per cambiare, anche questo stratagemma si suddivide in due fasi:

1) preparazione nello spazio;
2) rappresentazione in scena.

Preparazione nello spazio
Il gruppo si divide in coppie: noi seguiremo la preparazione della coppia A e B (gli altri si arrangeranno da soli).

A sceglie tre azioni semplici e naturali, che chiameremo "comandi", e

che potranno essere movimento solo oppure movimento + suono (meglio non usare parole), ad esempio: grattata di naso, sbadiglio, stiracchiamento della schiena.
Per ogni "comando", B si prepara un'azione assurda e più complessa (ricordiamoci dell'elemento assurdo del primo passo), che chiameremo "riflesso" e che, anche in questo caso, potrà essere movimento solo oppure (meglio) movimento + suono, ad esempio: saltellare ululando e muovendo le braccia tipo ali, schiaffeggiarsi la coscia destra grugnendo, rannicchiarsi chiedendo pietà.
L'unica regola è che i riflessi non durino più di due/tre secondi.
I due dovranno imparare a memoria i tre comandi (A) e i tre riflessi (B), quindi decidere a quale comando dovrà sempre rispondere un dato riflesso.
Subito dopo A e B si prepareranno anche all'opposto: A si inventerà tre riflessi assurdi per rispondere ad altrettanti comandi semplici proposti da B.
Al termine del lavoro di memorizzazione, le azioni totali della coppia saranno dodici, sei ciascuno: tre comandi e tre riflessi per A e tre comandi e tre riflessi per B.
Ovviamente tutte le coppie devono imparare tutto a memoria.

Rappresentazione in scena
Ora siamo pronti ad andare in scena. Siccome li abbiamo seguiti in tutta la fase di preparazione, mandiamoci A e B.
La coppia ha il compito di mettere in scena, improvvisando, una situazione tipo "parlatore/ascoltatore", per esempio: paziente e analista, candidato e selezionatore, corteggiato e corteggiatore, interrogato e interrogatore, esaminato ed esaminatore, confessato e confessore ecc...
Se decidiamo ad esempio per "paziente e psicologo", lo sketch inizia con A (il paziente) che tira fuori tutti i propri problemi, le paure e le insicurezze a B (l'analista), che lo sta ad ascoltare in silenzio.
Mentre A parla, B, ogni tanto, attiva i comandi che ha scelto in fase di preparazione, alternandoli e proponendoli in diversi momenti del monologo, ottenendo da A, ogni volta, il riflesso abbinato.
Ogni volta che sarà costretto ad attivare uno dei propri riflessi in risposta al comando, A lo farà quasi senza accorgersene, come fosse un tic su cui non ha alcun controllo e continuando subito dopo a parlare come niente fosse.
Dopo qualche minuto il paziente chiede un parere, una diagnosi e, possibilmente, una cura, quindi tace e resta in ascolto dell'analista, invertendo il meccanismo: B inizia a parlare e a rispondere con i propri riflessi ai comandi di A.

Quarto passo: laboratorio comico

IL LINGUAGGIO COMICO IN AZIONE

L'UMORISMO SPONTANEO E QUELLO PRECONFEZIONATO

> *Mi raccomando... sii spontaneo.*
> Paul Watzlawick[1]

L'umorismo *spontaneo*, quello che sorge tra gli scambi di battute, nelle situazioni di vita quotidiana, nelle osservazioni estemporanee su qualcosa o su qualcuno, è un umorismo vivo e spontaneo; esso nasce per dare forma a un'idea comica che è nell'aria e che si nutre della realtà di ciò che sta avvenendo o di cui si sta parlando.

> Per essere espresso nelle relazioni, l'umorismo non ha bisogno di complicati virtuosismi fisico-verbali, di battute standard, di barzellette e neppure di regole applicabili in serie, con chiunque e ovunque. Esso nasce, sempre nuovo e diverso, dalla comunicazione tra individui in un luogo e su un terreno di condivisione immediata di circostanze, persone, argomenti e punti di vista.[2]

Diverso è l'umorismo che possiamo chiamare *preconfezionato*, quello delle barzellette, delle battute a effetto, dei tormentoni studiati, sovente utilizzati durante una conversazione per alleggerire o rendere più interessante la stessa, con il risultato però, talvolta, di interromperla.
L'umorismo preconfezionato ha la prerogativa di essere stato inventato o ascoltato in un altro luogo e in un altro momento, generato da una situazione che è stata, che è terminata e che, spesso, poco c'entra con la situazione contingente, quella in cui sta avvenendo la conversazione. Secondo il filosofo statunitense John Morreall, raccontare una barzelletta durante una conversazione tra due o più persone è simile a costringere gli interlocutori a fare un attimo di silenzio e ascoltare uno solo di loro suonare la cornamusa.

---

[1] Paul Watzlavick (1921-2007), psicologo e filosofo austriaco.
[2] Matteo Andreone, Rino Cerritelli, *Una risata vi promuoverà*, op. cit.

Può essere molto piacevole, ma la conversazione è inevitabilmente interrotta.
Raccontare una barzelletta o dire una battuta richiede inevitabilmente che una parte degli interlocutori si trasformi in pubblico e uno di essi si erga al centro dell'attenzione.
Qual è in buona sostanza la differenza tra chi si affida a un umorismo preconfezionato e chi produce umorismo spontaneo, e quali sono le doti necessarie per esprimere il primo e quali per esprimere il secondo? La differenza è che il primo è un raccontatore di barzellette, il secondo un tipo spiritoso o, in altre parole, il primo è un attore, il secondo un comico. E non è proprio la stessa cosa, non necessariamente, almeno. Senza dubbio, infatti, se per rendere efficace l'umorismo preconfezionato basta, da parte di chi ne fa uso, una minima capacità interpretativa, l'umorismo spontaneo richiede inoltre una buona capacità creativa. Quest'aggiunta di capacità ha, come risultato, una maggiore possibilità rispetto al primo di affascinare, coinvolgere e interessare gli interlocutori, in modo sempre nuovo e differente, attraverso un'incessante azione creativa.
In ogni caso, il piacere che proviamo ascoltando un comico parlare o osservandolo mentre si muove, dipende in parte dall'impressione che il suo umorismo sia spontaneo e nasca proprio in quel momento, e in parte dalla consapevolezza che potrebbe continuare a lungo, anche dopo lo spettacolo, anche nella vita privata, nella realtà.
L'arte dell'attore comico agisce su di noi come se le cose che dice e che fa, le situazioni che egli descrive e che sperimenta, stupissero egli stesso per primo.
Ciò di cui parla ci dà l'impressione di essere reale, personale, e si trasforma nell'espressione di uno stile caratteristico, di un linguaggio originale e di un modo di essere unico.
Insomma, sia l'attore che racconta barzellette o dice battute sia il comico che le vive come un'esperienza personale possono interpretare l'umorismo, ma solo quest'ultimo è anche capace di crearlo.
Se la vostra ambizione è di essere attori comici, dovete tenere ben presente questa differenza, specialmente durante la fase di preparazione dei pezzi (sketch o monologhi) e dei personaggi che vi accingete a interpretare.
Non parleremo, in questa sede, della creazione del personaggio comico, per ora ci limiteremo a fornirvi alcuni spunti per costruire al meglio la vostra azione comica sul palcoscenico.
Iniziamo subito con il dire che, se volete rendere efficace il vostro linguaggio comico, dovrete lavorare il più possibile affinché, nel momento in cui esso è in azione sul palcoscenico, sembri spontaneo.

Mentre ci lavorate tenete sempre presenti i due principi fondamentali che caratterizzano l'umorismo spontaneo, anche questi suggeriti da Morreall:

1) principio di autenticità: a parità di condizioni è più interessante ascoltare chi parla per esperienza e conoscenza diretta e sulla base di un proprio punto di vista, piuttosto di una persona che ripete parole altrui;
2) principio di realtà: a parità di condizioni è più facile provare interesse e coinvolgimento per eventi reali che per eventi immaginari[3].

Il *principio di autenticità* è ciò che consente al pubblico di godere di quanto sta accadendo sul palcoscenico, conservando la sensazione di assistere a un evento unico, di avere a che fare con il testimone primo di un fatto, se non con il protagonista stesso che lo ha provocato o subito.
Non a caso l'efficacia comica di una narrazione sul palcoscenico è maggiore quanto maggiore sarà la capacità dell'attore di evocare la scena attraverso immagini. In altre parole, la scena raccontata può essere, di per sé, molto buffa ma il pubblico riderà molto di più quando riuscirà a vedere il personaggio che la racconta come protagonista o testimone stupito o indignato della stessa.
Il *principio di realtà* è quello che invece infonde al pubblico la certezza che quanto state dicendo o facendo stia realmente avvenendo, sia avvenuto o, comunque, potrebbe accadere in qualsiasi momento.
«Una volta Phyllis Diller[4] mise una nota a margine del materiale che le avevo scritto – Caro, se non è vero, non me lo mandare nemmeno – », ricorda il già citato Perret, e aggiunge:

> Pur rispettando la verità, è ovvio che per creare battute a partire da pure enunciazioni di fatti ci voglia una sorta di manomissione da parte dell'umorista. Un modo per far risaltare la verità di un'affermazione è forzarla o esagerarla in modo sproporzionato. È lo stesso principio che utilizzano i disegnatori di caricature: isolano alcuni lineamenti e li distorcono esagerandoli. Il risultato non è anatomicamente corretto, ma l'originale è assolutamente identificabile, anzi, il riconoscimento può risultare più immediato: alcune celebrità sono più facili da riconoscere da una caricatura che da una fotografia.[5]

Naturalmente, dando così importanza all'*autenticità* e alla *realtà* non vogliamo dire che la comicità efficace si debba o si possa basare sul-

---

[3] Cfr. John Morreall, *Filosofia dell'umorismo*, Sironi, Milano 2011.
[4] Phyllis Diller (1917-2012), attrice comica e doppiatrice statunitense.
[5] Gene Perret, *The New Comedy Writing Step by Step*, op. cit.

l'improvvisazione, anzi, preparatevi perché dare forma scenica al vostro linguaggio comico naturale richiede lavoro, fatica e preparazione.

Potete essere maestri nell'improvvisazione, capaci di generare un umorismo relazionale spontaneo con ogni vostra espressione, parola o azione, ma se volete provare a diventare professionisti del palcoscenico, dovete cercare di fissare queste vostre azioni improvvisate in scrittura e regia, producendo materiale sempre nuovo su cui lavorare.

Viceversa, per essere dei grandi comici non sarà necessario che siate degli efficaci utilizzatori di umorismo spontaneo, nel quotidiano, nelle relazioni interpersonali, nelle conversazioni, poiché, nel vostro caso, l'interlocutore di riferimento, quello più importante, se volete anche l'unico, dovrà essere il pubblico.

In ogni caso, una volta preparato il materiale che costituisce il vostro piccolo o grande repertorio, dovete imparare a esprimerlo sul palco come se lo steste improvvisando.

Vale a dire che come attori dovrete avere il vostro umorismo preconfezionato ma come comici dovrete averlo generato e confezionato voi stessi, offrendolo al pubblico come fosse un umorismo spontaneo.

DALL'IMPROVVISAZIONE UMORISTICA ALLA COSTRUZIONE COMICA

Tu ti credi Dio!
Io... io a qualche modello dovrò pur ispirarmi.
Woody Allen

Come trasformare un prodotto preconfezionato in un prodotto spontaneo è un'arte che l'attore comico condivide con l'attore tragico.

Per l'attore comico, però, la cosa ha anche a che fare sia con la scelta della storia da interpretare, nel caso si tratti del personaggio di una commedia, sia con quella dell'argomento di cui trattare, nel caso si tratti di cabaret.

Nel primo caso l'attore comico dovrà decidere il *come*, modellando il personaggio a propria immagine e somiglianza, nel secondo caso dovrà anche decidere il *cosa*, stabilendo di cosa parlare.

Se un attore tragico vuole interpretare con efficacia la parte di un personaggio innamorato, dandogli tutti i colori e la profondità che possano rappresentare questo sentimento, dovrà attingere alla propria esperienza personale.

Egli cercherà di richiamare lo stesso sentimento dell'amore, certamente provato in alcuni momenti del proprio trascorso, riviverlo, incarnarlo e farlo vivere nel personaggio sulla scena, donando a quest'ultimo, per così dire, il proprio stesso sentimento, attraverso un'operazione che Konstantin Stanislavskij chiama "reviviscenza"[6].

Anche l'attore comico, se deve interpretare con efficacia il personaggio di una commedia oppure uno sketch o un monologo di cabaret, riproducendo quello che abbiamo chiamato umorismo spontaneo, dovrà attingere alla propria esperienza personale.

In questo caso, però, egli cercherà di richiamare, rivivere e fare vivere sulla scena il proprio umorismo, donandolo al personaggio che interpreta.

Insomma, è quasi impossibile che riusciate a rendere comicamente un personaggio se non ridete, voi per primi, per la sua inadeguatezza, per i suoi difetti e per le sue sfortune, a meno che non contiate sul senso del ridicolo, di cui, comunque non avreste coscienza.

Allo stesso modo sarà estremamente difficile, per il medesimo motivo, che riusciate a rendere comico un monologo di cabaret se ciò di cui state parlando non vi fa ridere e non vi ha mai fatto ridere.

Sappiate quindi scegliere opportunamente le parti da interpretare e gli argomenti da trattare, utilizzando come strumento di scelta il riso che vi procureranno quando ancora sono in stato embrionale, presenti solo nel vostro immaginario comico.

Nella costruzione di una vostra identità comica non usate mezzi espressivi se prima non li avete *testati umoristicamente* in prima persona, cioè se prima non hanno fatto ridere voi.

Siate sinceri e non mentite a voi stessi: se certe cose, gesti, situazioni, battute, tormentoni, tic, costumi, argomenti, non vi hanno fatto ridere, non potete certamente riconoscerli come comici, quindi utilizzarli per far ridere.

Ecco perché, come per un attore drammatico è fondamentale conoscere e avere sperimentato la gamma più ricca di sentimenti negativi e/o positivi, al fine di poterli fare rivivere e renderli all'occorrenza sulla scena, per un attore comico sarà molto utile avere un bagaglio più ampio possibile di umorismo generato, così da poterlo rigenerare in modo spontaneo nel personaggio o nel monologo interpretato.

Se volete diventare dei buoni comici, prima di trovare il vostro stile, il vostro personaggio e il vostro argomento originale, cercate quindi di ridere del maggior numero di cose possibili, dalle situazioni alle parole, fino ai vostri stessi difetti.

Sappiamo benissimo che quando eravate bambini ridevate di cose che ora non vi provocherebbero neppure un mezzo sorriso: cercate di sco-

---

[6] Cfr. Konstantin Stanislasvkij, *Il lavoro dell'attore sul personaggio*, Laterza, Roma-Bari 1993.

prire perché, un tempo, la cosa funzionava e oggi non più e provate a ritrovare la stessa reazione umoristica che avete vissuto allora.

Sappiamo anche che ci sono cose per cui non ridereste mai e cose che immancabilmente vi fanno ridere: provate a osservare le persone che vi circondano e a cercare di capire per cosa ridono e per cosa no, quindi cercate di assimilare il loro umorismo, di lasciarvi trascinare e convincere a ridere su determinate cose.

Sappiamo infine che ci sono comici, battute e barzellette che vi lasciano freddi, se non addirittura vi irritano, e altri che vi fanno sganasciare, ebbene, cercate di condividere le impressioni su qualcuno di questi comici o su qualcuna delle loro battute con qualcuno che invece li apprezza e di farvi spiegare il perché di tale apprezzamento.

Saranno questi esercizi utili per condividere non già le emozioni bensì l'umorismo, non il sentimento ma il senso, non l'opinione ma il punto di vista su qualcosa o qualcuno.

Questa condivisione vi consentirà di ampliare il vostro immaginario comico, rendendovi più *umoristicamente reattivi* nei confronti della realtà e *umoristicamente espressivi* nei confronti del vostro pubblico.

Nelle prossime pagine troverete alcuni trucchi per provare a rielaborare comicamente qualcosa di non molto comico, di neutro o, addirittura, di negativo, ma prima di scoprirli, iniziamo a osservare ciò che, da subito, ci appare già comico.

MISURARE E AMPLIARE IL PROPRIO IMMAGINARIO COMICO

Il mio tetto è bruciato.
Adesso ho una vista migliore
sulla luna nascente.
Mizuta Masahide[7]

Il nostro immaginario comico è lo scrigno cui attingeremo ogni qual volta intenderemo inventare o produrre qualcosa di comico.

Per crearlo, misurarlo e ampliarlo occorre allenare alcune capacità innate, di cui ogni essere umano, chi più chi meno, è naturalmente dotato, tra le quali:

1) la capacità di modificare e/o sostituire parole e azioni;
2) la capacità di creare e visualizzare immagini;
3) la capacità di riconoscere collegamenti originali e associazioni inedite tra cose, oggetti, pensieri, parole;
4) la capacità di spiazzare, ingannare e sorprendere.

---

[7] Mizuta Masahide (1657-1723), poeta e guerriero giapponese.

Naturalmente non bastano queste quattro capacità per costituire un solido immaginario umoristico, né può essere sufficiente un loro utilizzo preciso e ordinato per produrre qualcosa di comico, ma siate certi che in ogni espressione comica troverete sempre la combinazione di almeno due di esse.

Nella produzione di un testo, nella realizzazione di una gag, nella creazione di un personaggio, di qualsiasi cosa insomma rappresenti il vostro linguaggio umoristico in azione, le cose si mischiano, si sfumano e si complicano un po'.

Questo però non può far parte di un manuale, dovrete sperimentarlo sulla vostra pelle, ma la cosa, vedrete, sarà molto divertente.

Per cominciare vi suggeriamo tre esercizi basilari con cui cominciare a sondare e misurare il vostro immaginario umoristico, prendendo, nello stesso tempo, contatto con i primi rudimenti di scrittura comica.

> ✦ Percezione dell'umorismo preconfezionato di parola
>
> Fate un elenco di almeno cinquanta battute che vi piacciono molto, usando come criterio di scelta, naturalmente, il riso che vi hanno provocato. Spulciate libri, riviste, giornali oppure scrivete quelle di comici e cabarettisti.
>
> Dopo aver fatto la vostra lista provate ad analizzarle, una per una, cercando di capire perché vi fanno ridere e se i motivi sono diversi per una o per l'altra: può essere perché vi richiamano alla mente una certa immagine, perché contengono un gioco di parole, o per entrambi i motivi insieme.
>
> ✦ Percezione dell'umorismo preconfezionato di azione
>
> Fate ora la stessa cosa analizzando però le costruzioni comiche in movimento, quindi gli sketch. In questo caso saccheggiate pure youtube, attingendo da film, programmi televisivi e spettacoli teatrali, e fatevi una compilation di almeno venticinque scenette brevi.
>
> Cercate anche qui di capire che cosa vi fa ridere di ogni scena selezionata e provate ad annotarvi tutti gli spunti e le riflessioni che riuscite a partorire.
>
> ✦ Percezione dell'umorismo spontaneo
>
> Infine provate a osservare la realtà, e fissatevi nella mente tutte le occasioni di vita vissuta in cui il vostro senso dell'umorismo vi ha fatto scoprire qualcosa di comico. Pensate alla vostra vita privata o professionale, alle situazioni che avete vissuto o di cui siete stati testimoni.
>
> Fate ora un elenco di almeno venticinque di queste situazioni reali, cercando, mentre le trascrivete, di tenere vivo e rendere il più possi-

bile quell'umorismo spontaneo che avete attivato nel riconoscere quella tale situazione comica nella realtà.

Scopo del primo esercizio è di farvi familiarizzare con lo stile e la struttura di alcune battute "ben confezionate" e, facendovi prendere coscienza delle vostre preferenze, vi consentirà di iniziare a crearvi un vostro stile personale.

Il secondo esercizio, invece, vi metterà a confronto con la comicità visiva, quella che, oltre alle parole, richiede l'utilizzo di altri strumenti espressivi, il corpo, il volto, il movimento.

In entrambi i casi noterete le diverse tipologie di battute o di gag. Imparerete quali sono i vostri gusti in fatto di comicità e quindi quale sarà il tipo di umorismo nel quale probabilmente riuscirete meglio.

Se questi due primi esercizi possono servirvi da ispirazione e motivarvi a creare qualcosa di simile, il terzo e ultimo metterà invece direttamente alla prova la vostra capacità di selezionare, rielaborare e riportare su carta ciò che vi ha fatto ridere in forma spontanea, e starà a voi confezionare.

Ora state iniziando a fare i conti non solo con il vostro senso dell'umorismo ma con la vostra capacità di trasformarlo in comicità.

METTERE IN AZIONE IL PENSIERO COMICO: SOSTITUIRE, VISUALIZZARE, COLLEGARE, SPIAZZARE

Da bambino ero talmente grasso...
che per farmi stare nelle foto di classe ci voleva la ripresa aerea.
Marco Di Biase

Sostituire

Torniamo ora al primo punto del paragrafo *Misurare e ampliare il proprio immaginario comico*, dove abbiamo parlato della *capacità di modificare e/o sostituire parole e azioni*.

Riguardo alle azioni parleremo tra un paio di paragrafi, invece con le parole proviamo a destreggiarci subito.

Molto umorismo può nascere dalle assonanze semplici tra vocaboli, in cui, per esempio, attraverso un meccanismo denominato tecnicamente *paronimia*, sostituiamo le parole con altre somiglianti nel suono ma diverse nel significato.

A volte il significato della frase si mantiene, nonostante la sostituzione, altre volte questo può cambiare completamente e trovare una nuova giustificazione es.: «Nessuno può vivere in *eterno*!», «Nessuno può vivere in *esterno*!».

L'esercizio che vi proponiamo di seguito, invece, richiede una maggiore riflessione ma, se eseguito in modo corretto, potrà sortire un notevole effetto comico.

Le paronimie in argomento fisso

Prendete un foglio e stilate una lista di quanti più vocaboli possibili inerenti a un dato, preciso argomento.
L'argomento scelto deve essere quanto più possibile circoscritto e i vocaboli che vi rientrano quanto più noti e comunemente utilizzati o, comunque, riconoscibili.
Ad esempio, noi scegliamo l'argomento "Alcolici" e iniziamo a scrivere alcune parole che vi rientrano (voi invece non limitatevi, più materiale avrete più sarà ricco ed efficace il vostro lavoro).
Whisky, Mojito, Vermouth, Bacardi, Nebbiolo, Negroni, Martini ecc...
Ora ripassate in rassegna le parole scritte, cercando di richiamare alla mente, per ognuna di esse, tutte le assonanze possibili.
Nel nostro caso potrebbe essere:

- *Whisky* = Rischi;
- *Mojito* = Marito;
- *Vermouth* = Verme;
- *Bacardi* = Bastardi;
- *Nebbiolo* = Nebbia;
- *Negroni* = Negroni (la parola può anche non cambiare, se ha comunque un doppio significato);
- *Sta-Martini* = Stamattina.

Adesso che abbiamo individuato le nostre paronimie, siamo pronti per andarle a inserire in una storia, un racconto, un monologo, un argomento che nulla ha a che fare con quello da cui abbiamo tratto le parole.
Alla luce delle assonanze risultate, ci viene in mente di parlare di una normale mattina, al risveglio:

> Ieri sera quei **bacardi** dei miei amici mi hanno fatto bere come una **splugen**. Non vi dico il risveglio, sta**martini**: ho raggiunto la cucina strisciando come un **vermouth**, con un fiatone che sembrava avessi scalato il **montenegro**. Dopo una bella **tachipirinha** però, come per magia, ero più **gin tonic** che mai. Mi fiondo ad aprire la finestra e... Nooooo...!!! Le **champagne** davanti casa completamente avvolte nel **nebbiolo**! Già nervoso scendo in box e faccio per accendere l'utilitaria, una Nissan **Brulé**: metto la chiave e... **brut**! **brut**! **brut**!, non si accende. Allora mi precipito sulla mia nuova **Ponch** Carrera: metto la chiave, accelero e... **vov**!, **vov**!, **vov**!, non si accende neanche questa; premo il pulsante di autodiagnosi e il display mi segnala il motore in **bavaria**. Già io di motori non capisco un **tuborg**, in più mio **cognac**, che fa il mecc**anice**, era fuori città. Non potevo prendere neppure la bici, perché ha la **corona** rotta! Sull'orlo di una crisi di nervi,

Il linguaggio comico in azione

chiudo il box, faccio per uscire di casa e mentre passo sotto il **pinot** che ho in giardino... **stock**! mi cade in testa una **piña colada**. Morale, erano le 8:30 del mattino ed ero già incazzato **nero d'avola**! Sconsolato m'incammino verso la stazione e appena arrivo chi in**cointreau** a spasso col **bourbon**cino? La **Moretti**! La vi**cynar**, quella del terzo piano! Ragazzi, questa è veramente una **bonarda**... che fosse per me almeno un **limoncello** non glielo leverebbe nessuno. Ci sono solo due problemi: uno, è sposata (e come tutti sanno, tra moglie e **mojito** non mettere il dito), due, è una **menabrea** esagerata, che se la incontri ti succede per forza qualcosa.

Stamattina, ovviamente, mi vede. Allora, fingendo di **spritz**are gioia le faccio: «Oh, **tequila Barbera**! Come l'**havana**?». «**Beck's** dai, tiriamo a **campari**!», mi risponde. «Lei piuttosto, cosa ci fa qui? Non **sake** oggi c'è lo scio**peroni** dei tr**heineken**?». Non c'ho visto più e con una bestemmia da **guinness** ho fatto venir giù tutti i santi, da **Sangria** a **San Miguel**, passando per **Sambuca, Sangiovese, San Simone** e **Sans Souci**. Tra l'altro che figuraccia, avevo alle spalle una signora del paese molto de**vodka** con un frate **franziskaner**. Fortuna che il mio **angelo azzurro** si è tappato le orecchie e uscendo dalla stazione mi ha salvato da uno dei **whisky** più grossi che abbia mai corso: una sparatoria tra due **negroni** (di cui uno **sbagliato**) e due **tennent's** di polizia in **grappa** a due cavalli. E pim, pum, **pampero**... e resta a terra **rhum negro**. Che finale **amaro**![8]

Potremmo considerare i giochi di parole come la forma più bassa di umorismo. Ma non è sempre così: a volte sono intuizioni davvero felici. In ogni caso, in questo momento si tratta solo di un buon allenamento per ampliare il vostro immaginario umoristico e per calibrare l'azione scenica del vostro linguaggio comico.

In ogni caso, i giochi di parole, quelli che dipendono *esclusivamente* dalle parole, in generale, non sono sempre comicamente efficaci. Possono però trasformarsi in una bella battuta quando riescono a creare un'immagine divertente.

Visualizzare

Con il secondo punto vogliamo allora parlare proprio della *capacità di creare e visualizzare immagini*.

È questa una capacità molto importante, poiché molte battute sono visive, cioè creano, attraverso le parole, un'immagine nella mente di chi ascolta.

Vediamo per esempio una battuta pronunciata da Leslie Nielsen: «Dica, è sua moglie quella vicino a lei, o le hanno vomitato sulla sedia?».

---

[8] Testo ideato da Marco Agnello, in collaborazione con gli allievi del Corso Base di Cabaret 2012-2013 presso l'Accademia Nazionale del Comico.

Non appena sentiamo questa battuta, visualizziamo subito, in qualche modo, questa povera donna, evidentemente non il massimo della bellezza e non troppo elegantemente vestita, seduta accanto a suo marito.
Quando creiamo un'immagine, il distorcerla e renderla ridicola scatena lo humor, questo è il motivo per cui i semplici giochi di parole, talvolta, possono essere considerati la forma più bassa di comicità.
Cerchiamo quindi di capire, attraverso le stesse parole di Perret, la forza e l'utilità dei giochi di parole, unita a quella di creare e visualizzare immagini:

> Le parole sono uno strumento potente ma la comicità che si basa solo su di esse, spesso non crea un'immagine mentale nell'ascoltatore, per questo motivo può essere arguta e intelligente senza far ridere. Questa è una delle ragioni per cui lo humor è così soggettivo: alcuni ridono da matti per una particolare battuta o barzelletta, che altri non apprezzano perché non riescono a figurarsela.
> Un abile uso delle parole rende l'immagine più potente, ma è quasi sempre l'immagine che scatena la risata. La mente sa essere molto elastica e accetta facilmente distorsioni e situazioni improbabili. Pensate ad alcuni dei vostri sogni in cui passate da un luogo all'altro senza problemi, le persone cambiano davanti ai vostri occhi e le situazioni sono così assurde che non riuscite a metterle in relazione di causa effetto: tuttavia durante il sogno il vostro intelletto accetta qualsiasi bizzarria senza porsi domande.[9]

Ciò che dice Perret è già stato sostenuto anche da Bergson, quando parla di umorismo quasi come di un'esperienza simile al sogno.
E sono lo stesso agire e accettare le deformazioni, gli strani collegamenti e le assurdità come fossimo in un sogno, unitamente al richiamo immaginifico, che ci consentono di evocare l'aspetto di una persona attraverso una rielaborazione descrittiva o per paragoni e similitudini come quelli sui quali il comico abruzzese Gabriele Cirilli ha costruito una serie innumerevole di tormentoni:

> Tatiana è l'amica mia grassa, tarmente grassa che l'ascensore je sta attillato!
> Tatiana è l'amica mia grassa, tarmente grassa che quanno je fanno l'autovelox ce vogliono tre scatti!
> Tatiana è l'amica mia grassa, tarmente grassa che si se veste de verde e se mette sopra un marciapiede con la bocca aperta ci infilano dentro le bottiglie!
> Tatiana è l'amica mia grassa, tarmente grassa che come cotton fioc usa lo zucchero filato!

---

[9] Gene Perret, *The New Comedy Writing Step by Step*, op. cit.

Un altro esempio, in cui però, questa volta, le frasi risultano collegate armonicamente in un monologo, è quello che Perret scrive sulla suocera immaginaria della stand-up americana Phyllis Diller:

> Parlando di persone grasse, dovreste vedere mia suocera: è così grossa che ha due CAP.
> La prima volta che incontrai mia suocera, mio marito mi chiese: "Come ti sembra mamma?". E io: "Mi ricorda il North Dakota".
> Non so quali siano le sue misure, non abbiamo ancora fatto un rilevamento topografico.
> È comunque una bella donna. I tre ettari di carne più belli che abbia mai visto.
> Mi ha dato uno dei suoi vecchi abiti: pensavo di inamidarlo bene e di farci una tenda da circo.
> Una volta doveva venirci a trovare, ma non mi andava di averla per casa. Le prenotai un albergo: le stanze 13, 14 e 15.

Provate anche voi a cimentarvi con la creazione e la visualizzazione di immagini attraverso il medesimo meccanismo usato da Perret e da Cirilli. Pensate per esempio a una semplice affermazione, come: "Fa freddo", "Fa caldo", "Tu sei cattiva", "Cinzio è bruttissimo", "La mia casa è piccola" oppure "La mia automobile è lenta".
Ora misuratevi con i paragoni assurdi, che possano cioè in qualche modo dare una misura a ciò che non è misurabile con una scala di valore ma unicamente attraverso proporzioni o esempi.
Scrivetene tanti, senza preoccuparvi che siano immediatamente riconoscibili come comici, l'importante è che alleniate la vostra mente a percepire come umoristico ciò che voi stessi avete creato. Scoprirete che i più efficaci, dal punto di vista comico, saranno quelli che consentono di visualizzare ciò che state narrando.
Esempio:
Affermazione: «Fa freddo!».
Paragone, esempio misura: «Faceva così freddo a New York che gli esibizionisti, invece di aprire il cappotto, si descrivevano a parole»[10].

Collegare
Veniamo ora al terzo punto, sempre del paragrafo *Misurare e ampliare il proprio immaginario comico*, laddove abbiamo accennato alla *capacità di riconoscere collegamenti originali e associazioni inedite tra cose, oggetti, pensieri, parole*.
Per dirla inizialmente in parole povere (ma approfondiremo tra poco), molta comicità può nascere dalla combinazione di due o più idee: al-

---
[10] Johnny Carson (1925-2005), attore comico e conduttore televisivo statunitense.

cune sono simili, altre lontane tra loro, altre infine sembrano simili ma poi si rivelano diverse, e viceversa.
Per spiegare meglio questa idea prendiamo due battute. La prima è dello psicologo, autore comico e cabarettista Renato Trinca:

> Moglie: «Caro, oggi il dottore mi ha detto che ho ancora il seno di una trentenne».
> Marito: «Ah sì? E cosa ti ha detto di quel culo di sessantenne che ti porti dietro?».
> Moglie: «Niente, di te non abbiamo parlato».

La seconda dello scrittore inglese Jerome K. Jerome:

> Il lavoro mi piace, mi affascina. Potrei starmene seduto per ore a guardarlo.

Lo scambio di battute tra moglie e marito è fulminante e, come avrete notato, ruota intorno alla parola "culo", anzi, alle parole "culo di sessantenne".
L'equivoco nasce dal doppio senso della parola "culo" e la comicità si genera dall'opposizione di due opposti copioni, entrambi confermati dall'inizio alla fine. Che si intenda la parola "vecchio culo" come "anziano omosessuale" oppure come "deretano appartenente a un'anziana signora" la cosa fila liscio.
Cadiamo nel tranello di questa parola-collegamento poiché, nel leggere la prima affermazione della moglie e la domanda del marito, ci costruiamo un filo logico illusorio. Lo stesso del marito.
Leggendo però la risposta della moglie scopriamo di colpo il suo filo logico, condividendolo immediatamente.
Anche la battuta di Jerome K. Jerome è semplice ma divertente, e si spiega da sé. Se una battuta ha bisogno di una spiegazione, vuol dire che gli manca qualcosa. Ora vediamo di approfondirla un po'.
Il comico nasce dal fatto che l'affermazione è in gran parte vera o, perlomeno, verosimile. Tutti siamo stati affascinati dal lavoro che stavamo compiendo o abbiamo conosciuto qualcuno che lo è stato dal proprio. Ma, riflettendoci, l'azione di restare incantati a osservare l'oggetto della propria venerazione non è quella più tipica di un individuo affascinato da esso?
Il collegamento quindi, in questo caso, non si crea nel semplice doppio senso di una parola.
Ora a collegare due idee opposte – ovvero: "mi piace qualcosa, che vedo, che osservo" e "mi piace qualcosa, che faccio" – è il veloce passaggio tra l'incongruo (il lavoro sottintende il "nostro" lavoro, non quello degli altri, cioè qualcosa che, per assunto, si fa, si agisce, si svolge, se non lo svolgo esso non esiste) e il congruo (posso, in ef-

fetti, sedermi a "osservare il lavoro", nel senso di "osservare persone che lavorano").
La battuta ci diverte perché ci obbliga a una capriola mentale per risolvere l'incongruenza data.
La stessa operazione che abbiamo compiuto, nella parte relativa al pensiero umoristico, spostando il nostro punto di osservazione e guardando la realtà da una diversa angolatura.
A ben vedere, gli elementi per risolvere l'incongruenza ci sono già tutti nell'apertura della battuta: «Il lavoro mi piace, mi affascina». Ma l'illusione (legata alle nostre consuetudini mentali) è creata dalla convinzione che il lavoro lo compia lo stesso soggetto narrante. Un attimo dopo invece, in chiusura, capiamo che il narratore intendeva forse "il lavoro degli altri".
Insomma, l'apertura era già abbastanza chiara, siamo noi che non avevamo lasciate aperte tutte le possibilità.
Ridiamo perché siamo caduti nel giocoso tranello e, nello stesso tempo, perché abbiamo spostato repentinamente il nostro punto di osservazione, da soli, senza aiuti né spiegazioni da parte del narratore.
Un po' come i tre monaci della storiella zen, ridiamo di noi stessi perché nel momento stesso in cui ci siamo resi conto di essere cascati nell'equivoco, lo abbiamo risolto.
Poco importa se nella battuta di Jerome K. Jerome resta un'ombra di lievemente assurdo, di non spiegato, di impossibile (si può osservare "gente che lavora", non si può osservare "il lavoro"). È ciò che il nostro cervello accetta e giustifica come elemento esterno alla realtà (quasi di sogno, dicevamo) ma perfettamente funzionale al gioco.

Spiazzare

Infine il quarto punto, quello sulla *capacità di spiazzare, ingannare e sorprendere*, sulla quale possiamo contare nell'allenamento delle competenze utili a creare il nostro immaginario umoristico e orientarci in esso.
Stiamo parlando di quello che Morreall chiama "slittamento cognitivo", il fenomeno che obbliga la nostra mente a proseguire nella costruzione di un'immagine parziale fino al suo naturale completamento, fornendo i pezzi che mancano.
In questo l'arte del comico si avvicina molto a quella di un prestigiatore perché è questa la stessa peculiarità che fa funzionare il lavoro di entrambi.
Pensiamo a quando i prestigiatori mostrano solo una parte del gioco e il pubblico ci mette il resto.
La chiave del trucco sta di solito dove si fanno delle supposizioni. La gente dice: «So che ha messo la moneta nella mano destra... l'ho vista».

In realtà non l'hanno vista, semplicemente suppongono che sia lì e la loro mente gliela fa "vedere".
Per spiegare meglio lo slittamento cognitivo, Morreall parla di *preparazione*, che corrisponde al sistema organizzato dei nostri pensieri e orientamenti, e di *chiusura*, cioè quello che provoca un rapido cambiamento di questi pensieri e orientamenti.
Anche gli umoristi sfruttano questa tendenza guidando il pensiero del pubblico verso una direzione, per prendere poi una svolta inaspettata. La comicità dipende molto dalla sorpresa e, come umoristi dovete imparare a trarre vantaggio dagli schemi mentali della gente.

> Cara Posta del Cuore,
> Ho sedici anni. Penso di essere grande abbastanza per potermi mettere il rossetto, il fondotinta e il mascara. Però mia madre, ogni volta che li trova, li butta via e mi punisce. Per favore rispondi e dimmi chi ha ragione.
> Sergio[11]

È facile notare come il pensiero fosse condotto in una direzione obbligata e come la sola ultima parola l'abbia totalmente cambiata, come se vi avessero tolto il tappeto da sotto i piedi.
Di seguito vi proporremo altri esercizi, che vi faranno avvicinare sempre più alla *progettazione di una messa in scena comica* e che vi aiuteranno a sviluppare le vostre abilità umoristiche nell'ideare e nell'esprimere un'azione comica. Alcuni privilegeranno quelle linguistiche, altri la visualizzazione.
Il nostro consiglio è: cercate di divertirvi mentre li fate: non sono compiti a casa o lavori ingrati, ma divertenti e provocatorie incursioni nella creazione comica.
Ricordatevi sempre che se *l'umorismo produce divertimento, il divergere produce umorismo.*
Lo sosteniamo noi ma, soprattutto, lo dice Forabosco quando, a proposito di cosa dia vita e faccia sviluppare l'umorismo, parla di «[...] una particolare combinazione tra pensiero divergente (teso a produrre la componente di incongruità) e pensiero convergente (che produce l'elemento di congruenza)»[12].
Tanto che, con un gioco di parole, si può parlare di una forma terza, che è il "pensiero divertente". Espressione che ha il merito di comprendere sia l'idea del prodotto (il "divertimento" = piacere umoristico) sia del processo per ottenerlo ("divertente" = sintesi di divertente e convergente).

---

[11] John Morreall, *Filosofia dell'umorismo*, op. cit.
[12] Giovannantonio Forabosco, *Il settimo senso*, op. cit.

Insomma, per tornare alla nostra storia zen dell'inizio: non solo l'umorismo può essere utilizzato per raggiungere l'illuminazione ma l'esperienza stessa dell'illuminazione, con la sua improvvisa rivelazione del carattere illusorio del sé, può essere all'origine di un profondo divertimento.

L'IDEA UMORISTICA: IL CONTENUTO

A uno che si laurea in filosofia, bisogna fare un regalo
... o basta il pensiero?
Ciro Ficca

Spesso, parlando di comicità, si genera un fraintendimento che porta a pensare esistano argomenti più o meno adatti a far ridere, vale a dire comici o non comici in sé.
Nello stesso equivoco cade anche chi si iscrive all'Accademia del Comico per impararne l'arte. Non di rado, infatti, capita che ci siano poste domande tipo: «Ho pensato di parlare dei problemi con la mia bicicletta. Pensi possa far ridere?» oppure «Volevo descrivere quello che succede, tra impiegati, alle poste, quando è terminato l'orario per il pubblico. Potrebbe essere divertente?» o, ancora, «Mi piacerebbe realizzare uno sketch sui calciatori in allenamento. Secondo te sarebbe comico?».
La risposta naturalmente è una sola, ferma, decisa e sicura: «Non lo so!».
Un'idea di base può essere più o meno curiosa, un argomento più o meno originale o delicato e una data situazione più o meno conosciuta e condivisa dal pubblico ma nessuno potrà stabilire a priori se, raccontata o realizzata sul palco, farà ridere.
Il perché è molto semplice: non ci sono argomenti che fanno ridere e altri no, a prescindere. Il comico non è "cosa" si dice ma "come" lo si dice, attraverso il corpo e la parola. Non conta da dove si parte, da quale idea, da quale argomento, conta lo sviluppo che gli si dà.
Quindi, se si vuole far ridere un pubblico, è molto più importante badare alla forma che al contenuto, sapendo che la comicità si trova qui e non lì.
Naturalmente ci sono argomenti di base più difficili da trattare o perché rischiano di toccare temi con i quali la sensibilità della maggior parte delle persone deve ancora fare i conti oppure perché poco conosciuti.
Del primo caso fanno parte temi delicati quali la morte, la malattia, gli incidenti, la violenza privata (specie su donne e minori), il razzismo o, in misura certamente diversa, la fede politica o calcistica. Temi la cui trattazione leggera o poco attenta può urtare la sensibilità delle

persone o, comunque, anestetizzarne la capacità di distacco e l'auto-ironia.

Del secondo caso fanno parte invece i temi poco considerati, conosciuti o condivisi, sui quali cioè il pubblico cui ci si rivolge non ha sufficienti elementi per ragionare e giudicare, quindi per ridere. Se, per esempio, parlo del mio commercialista, ironizzando sulle sue peripezie per compilare la dichiarazione dei redditi, a un pubblico di teen-ager, quasi sicuramente non otterrò un grande successo. Stessa cosa mi capiterà se, alla Festa dell'Unità di Guastalla, propongo una serie di battute strepitose, in eccellente swahili, sulle influenze della pittura Tingatinga nei capolavori di George Lilanga, esposti al National Museum di Dar es Salaam in occasione della famosa personale del 1974.

In realtà, se ci riflettiamo, ogni tema, dal più originale e sconosciuto al più delicato e urtante, può essere umoristicamente accettato e condiviso dal pubblico se è trattato con sensibilità e riguardo. Come, per esempio, ha fatto Roberto Benigni, parlando di shoah nel film *La vita è bella* oppure come fa Patch Adams ogni giorno da più di trent'anni con il suo lavoro di clown terapia nelle corsie degli ospedali.

Di contro, qualsiasi argomento, anche il più semplice e banale, può essere non accettato, se espresso in modo volgare, o non condiviso, se confezionato con parole ambigue e frasi poco chiare.

Anche in questo caso a essere sul banco degli imputati è la forma (cioè l'espressione) non il contenuto (cioè l'idea).

Vediamo allora cos'è quest'espressione comica, questa forma che può consentirci di accettare umoristicamente, stimolando l'auto-ironia e lo spostamento di punto di vista sulle nostre convinzioni, i nostri ideali e i nostri pudori, sull'assurdo, il violento, il politically uncorrect e sulla trasgressione al buon gusto, all'etica e al rispetto di cose e persone.

L'ESPRESSIONE COMICA: LA FORMA

Bella la tua camicia, me la presteresti domani sera?
... devo andare a fare una figura di merda!
Eugenio Chiocchi

Posso far ridere un pubblico parlando, ad esempio, del tuo giubbotto? O, meglio, posso fare ridere un pubblico (tra cui ci sei anche tu) dicendo che il maglione che indossi è ridicolo? Che la tua cravatta fa schifo? Che gli occhiali sono orrendi?

Probabilmente, se uso queste parole, no.

Ma se, prendendo esempio dal comico milanese Eugenio Chiocchi, riformulo la critica in questo modo:

«Bello il giubbotto che indossi... c'è anche da uomo?».

Il linguaggio comico in azione

Oppure, per affondare ancora di più il colpo:
«E lì davanti? È una cravatta o ti sei vomitato addosso?».
«Ma hai perso qualche scommessa per andare in giro con quegli occhiali?».
«Non male il tuo cappello... se continui a portarlo magari tra qualche anno tornerà di moda».
... potrei avere qualche speranza di riuscirci (riuscire a far ridere, intendo).
Attraverso l'esagerazione umoristica e l'espressione comica si possono trattare argomenti delicati (e cosa c'è di più delicato da trattare dell'orgoglio umano) e, qualche volta, addirittura esporre i fatti in maniera più efficace di quanto potrei fare con un eloquio brillante.
Nel caso sopra riportato il contenuto di critica offensiva delle battute non cambia. A cambiare è la forma con cui la esprimo: attraverso una rielaborazione umoristica.
Insomma, l'argomento è lo stesso e il significato di quanto dico anche, ciò che fa ridere è il modo in cui lo dico, il fatto che abbia trovato una formula diversa per dire la medesima cosa.
Attenzione però, giocare con il pubblico resta comunque esercizio delicato. Seppure umoristicamente riformulato e presentato sotto nuova forma, un insulto resta pur sempre un insulto.
Per farci un'idea su cosa fare (e, soprattutto, non fare) e come, quando intendiamo metterci a provocare il pubblico allo scopo di "riscaldare l'ambiente", chiediamo consiglio allo stesso Chiocchi.
Chiocchi è un comico milanese (nato a Napoli... particolare non secondario), la cui caratteristica principale è di riuscire, durante i suoi spettacoli, a instaurare un reale dialogo col pubblico, un botta-e-risposta che dà vita alla più naturale e irresistibile improvvisazione.
Chi lo vede all'opera, specie nella parte iniziale dei suoi spettacoli, ha sempre la sensazione che le sue provocazioni potrebbero, da un momento all'altro, scatenare le ire del pubblico. Chiocchi prende di mira le persone, le aggredisce letteralmente, fa domande a casaccio e si prende gioco delle risposte, in un crescendo di battute che pare possano fargli perdere il controllo della situazione.
In realtà, sta solo creando il più adatto ambiente pre-umoristico in cui, di lì a poco, darà vita e farà crescere i suoi monologhi, e ne sta tracciando i confini.

> Il rischio che corro, ogni volta che salgo sul palcoscenico, è di non riuscire a chiudere umoristicamente le situazioni che io stesso creo. Questo, fortunatamente, non è mai successo.
> Quando salgo sul palco inizio subito a giocare con il pubblico. Gli argomenti che affronto sono vari: dove abitano le persone che siedono

in platea, che origini hanno, che lavoro fanno, cosa si aspettano dalla vita? E su ogni risposta che ottengo cerco di ricamare un po', di trovare la parte buffa. Occorre essere originali e, soprattutto, non toccare mai argomenti offensivi, che possano suscitare attrito perché umilianti per la persona oggetto di scherno e che vadano contro l'etica comune. Bisogna rispettare sempre chi si ha davanti.
Uno dei segreti è quello di mostrare da subito una buona dose di autoironia. Nel mio caso, prima di scherzare sulle origini di chi mi sta di fronte, mi metto sul loro stesso piano, prendendomi gioco delle mie, con battute tipo: «Ci sono meridionali in sala? Ehh... vi capisco, sono stato meridionale anch'io. Meridionale pentito... di essermene andato da Napoli». Il pubblico capisce che il gioco che si sta instaurando non prevede "vittime" ma solo "giocatori". E accetta il gioco.
La suddetta battuta mostra l'autoiroina del comico in scena, e, nello stesso tempo, prende in giro i luoghi comuni sui meridionali. Alla fine però, consente di uscire dalla possibile interpretazione negativa da parte del pubblico: il comico scherza su se stesso ma è fiero di essere ciò che è.
La risata ottenuta con questo tipo di gioco è di genere liberatorio e scaturisce da una situazione che il pubblico stesso contribuisce a creare, come soggetto attivo. Quindi non solo vittima del comico ma anche suo possibile carnefice.
Il peccato di "presa in giro" deve sempre essere veniale, esso non si compie mai riferendosi alla persona ma, ad esempio, all'abbigliamento: «Che bella camicia! Sai quante volte ci siamo domandati che fine fanno i panni che diamo alla Caritas? (Poi, rivolgendomi alla vicina) Gliel'ha regalata lei? Più che un regalo... un dispetto. Non è che può prestarmela sta camicia domani sera? Devo andare a fare una figura di merda...».
Sulla camicia nessuno può offendersi, perché è semplicemente una scelta su un abbigliamento, non un modo di essere.
Un'accortezza: mai prendere di mira una sola persona, cercate di rivolgervi (e di giocare) con la maggior parte dei presenti. Questo, tra l'altro, vi consentirà di capire, prima che sia troppo tardi, chi non vuol essere coinvolto o chi non aiuterebbe risvolti comici.
Per quanto mi riguarda, posso dire che mai nessuno si è offeso durante i miei spettacoli. Me la sono cavata anche quando, agli inizi degli anni '90, dopo dieci minuti di spettacolo, un signore in prima fila, sentendo il mio meridionalismo, affermò in tono molto aggressivo: «Hai smesso di lavorare stasera, io sono della Lega»... silenzio...
E io: «Nooo, della Lega, meritavi di più!».
Risata generale, pubblico conquistato.

La tecnica delle *Riformulazioni Umoristiche*[13] è stata teorizzata nel 2012 da Rino Cerritelli in ambito sociale e professionale, come «metodo di rielaborazione comica delle espressioni verbali più comuni per inne-

---

[13] Cfr. Matteo Andreone, Rino Cerritelli, *Una risata vi promuoverà*, op. cit.

scare i conflitti». Essa definisce la possibilità di generare comicità mediante l'incontro tra una formulazione provocatoria e una rielaborazione indulgente.
Esempio:

- Riformulazione provocatoria: «Questo lavoro è completamente da rifare. Il problema è che lei non è in grado di farlo meglio».
- Riformulazione indulgente: «Questo lavoro non è proprio perfetto. Le chiedo, lei è in grado di farlo meglio?».
- Riformulazione umoristica: «Il suo lavoro è perfetto. Le consiglio di rifarlo... un po' meno perfetto».

Notate che la terza riformulazione, quella umoristica, è un'espressione che comprende entrambe le precedenti, pur cambiandone il senso. «L'intenzione da mettere», come scrive Cerritelli, «è quella di progettare un'espressione verbale che ottenga tre effetti contemporaneamente:

- **ludico**, cioè che sia giocosa, divertente e condivisibile;
- **critico**, cioè che non rinunci al rimprovero costruttivo;
- **di sostegno**, cioè che incentivi l'altro a collaborare e a mantenere un buon rapporto di relazione».

La stessa cosa avreste potuto notarla (se foste stati attenti) nell'esempio precedente, quello del maglione, del giubbotto, della cravatta e degli occhiali con cui siamo partiti. Anche in quel caso dietro a ogni riformulazione umoristica possiamo immaginarne una indulgente, che fornisce la partenza («Bello quel maglione!») e una provocatoria che fornisce un'idea di sviluppo («Ti sta malissimo, ti fa sembrare una checca»), fornendo infine la nostra riformulazione umoristica («C'è anche da uomo?»).
Non ci dilungheremo qui su questa tecnica, poiché più propria dell'umorismo relazionale e studiata per la risoluzione dei conflitti in ambito sociale (rimandiamo, per chi volesse approfondire, al manuale in nota). Semplicemente vi proponiamo di esercitarvi un po' in questo modo.

✦ Riformuliamo un po' di insulti
Fate un elenco di insulti, di tutti i generi, non limitandovi più, come nell'esercizio precedente, a cose tipo "Sei cattivo" o "Sei grasso" ma andateci pure giù pesante con frasi come "Sei una merda" o "Non capisci un cazzo".
Oppure scrivete esplicite minacce, tipo "Ti spacco la faccia", "Non ti sopporto più" o, ancora, insulti come "Puzzi da far schifo" o "Sei la persona più antipatica che io abbia mai conosciuto".

Ora provate a rigenerarli umoristicamente uno per uno, dando per ognuno più riformulazioni. Ricordatevi che la comicità ha bisogno insieme di bonaria indulgenza e di aggressività provocatoria.
Esempio:
Espressione provocatoria: «Sei una merda».
Espressione umoristica: «Ma se ti calpesto... porta fortuna?».

Potete anche agire semplicemente andando *per negazione*, cioè fornendo l'ipotesi opposta che vedrebbe escluso l'oggetto della provocazione.
Esempio:
Espressione provocatoria: «Sei la persona più antipatica che io abbia mai conosciuto».
Espressione umoristica: «Pensa che se nella mia vita avessi incontrato solo persone simpatiche... io e te non ci saremmo conosciuti!».

Non abbiate paura di esagerare umoristicamente. Il trucco è permettere alla propria mente di giocare con le dimensioni, i colori e gli attributi fisici dell'immagine mentale visualizzata, fino a farla diventare divertente. In fase di allenamento potete anche esagerare, estendendo un'idea fino al limite estremo.
Abbiamo già detto di come sia flessibile la mente nell'accettare immagini distorte. Il pubblico non si metterà a discutere sulle proporzioni, soprattutto se riuscite a farlo ridere.

♦ Creiamo un nuovo comune buon senso
1° Step
Dopo aver un po' giocato con i limiti imposti dalla cortesia e dal rispetto nei confronti del prossimo, proviamo ora a superare quelli imposti dall'etica, dalla morale e dal comune buon senso.
Anzi, visto che ci siamo, proviamo a crearcelo noi, un nuovo e comune buon senso: nuovo perché originale, espresso per la prima volta, comune perché nessuno avrà da eccepire sulla sua logica.
Prima di partire alleniamoci un po' a dare una diversa conclusione ai pilastri della banalità e della saggezza popolare: i proverbi.
Pensiamo a una decina di proverbi e scriviamoli su un foglio, per ricordarceli al momento opportuno.
La prima parte dell'esercizio possiamo improvvisarla:
A e B si dispongono a due/tre metri di distanza l'uno dall'altro. Al via i due si avvicinano. Giunti l'uno di fronte all'altro A dirà la prima parte del proverbio e B, subito e senza pensare, dovrà concluderlo.
Naturalmente B dovrà dare una conclusione diversa da quella conosciuta, indipendentemente che essa sia congrua o no.

Esempi:
A: «L'ospite è come il pesce (... dopo tre giorni puzza)».
B: «... nuota!».
A: «Non menare (... il can per l'aia)».
B: «... né fatti menare!».

In questa fase non sarà necessario ottenere un effetto comico (sebbene spesso lo si otterrà, per la sorpresa generata dalla conclusione inaspettata). L'utilità è più che altro quella di non costringere la mente a un ragionamento logico, che faciliterebbe il pensiero convergente. L'importante è improvvisare velocemente.

Dopo un po' di improvvisazione dedicatevi singolarmente a concludere in modo diverso i vari proverbi. Pensateci un po' e scrivete più conclusioni per lo stesso proverbio.

L'unica regola cui dovete attenervi è che la conclusione del proverbio dovrà, in qualche modo, rispettare le premesse fornite dall'apertura.

In questo modo concluderete il proverbio non nel modo consueto e riconosciuto ma, comunque, in maniera congrua con la sua premessa.

2° Step

Usciamo adesso dal luogo comune, quello dei proverbi conosciuti a memoria, ed entriamo nel campo del comune buon senso.

L'esercizio consiste nel pensare a una situazione normale, tipica del vivere quotidiano, in cui tutti ci possiamo trovare, oppure un'azione semplice, che tutti abbiamo compiuto qualche volta, compiamo o possiamo compiere.

Nel primo caso può essere "un colloquio di lavoro", "il primo appuntamento" oppure "al matrimonio del proprio migliore amico". Nel secondo caso invece può essere "guidare", "mangiare" oppure "entrare in un negozio".

Ora lavorate di fantasia più che potete e scrivete *cento cose da non fare mai* in quella determinata occasione oppure mentre si compie la data azione.

Esempio:

Cento cose da non fare al matrimonio del proprio migliore amico:
1) presentarsi in chiesa vestiti da Zorro;
2) rispondere "Sì" ad alta voce, quando il prete verifica la volontà della sposa;
3) portarsi il mangiare da casa dentro uno zainetto;
4) regalare una scatola di lego al padre dello sposo;
5) all'uscita dalla chiesa lanciare riso bollito;
6) ecc...

3° Step
Eccoci infine alla ristrutturazione totale del buon senso e alla proposta di uno nuovo.
Non vi resta adesso che prendere ognuna delle 100 cose da non fare mai e dare a ognuna di esse una motivazione plausibile ma non conforme al buon senso.
Tutti capiscono intuitivamente il perché non sia consigliabile presentarsi a una cerimonia nuziale vestiti da sommozzatori ma voi divertitevi a trovare una motivazione diversa, inaspettata ma, comunque, congrua.
Esempio:
Al matrimonio del vostro migliore amico...
1) non bisogna mai presentarsi in chiesa vestiti da Zorro... perché il nero stona con il bianco del vestito della sposa;
2) è molto pericoloso pronunciare «Sì» ad alta voce, quando il prete verifica la volontà della sposa... inutile rischiare, potrebbe non essere la risposta esatta;
3) non è consigliabile portarsi il mangiare da casa dentro uno zainetto... le vivande non si conservano bene, meglio una borsa frigo;
4) non si dovrebbe regalare una scatola di lego al padre dello sposo... altrimenti potrebbe distrarsi durante tutta la cerimonia;
5) è assolutamente vietato, all'uscita degli sposi dalla chiesa, lanciare riso bollito... rischierebbe di arrivare freddo. Molto meglio rovesciarlo dal tetto della chiesa, direttamente dal pentolone;
6) ecc...

LA COMICITÀ NON VERBALE

......
...
Jaques Tati

Tutto ciò che abbiamo detto finora a proposito di congruenza e incongruità, di pensiero convergente, divergente e divertente, di collegamenti, di deformazioni, di spiazzamento e di spostamenti di punto di vista, lo abbiamo fatto con le parole, alcune volte con disegni. Adesso invece ci mettiamo in gioco completamente e iniziamo a usare il volto, le mani, il corpo.
Non affronteremo però le tecniche del mimo e della pantomima (cosa in sé difficile per un manuale) poiché il nostro interesse è puramente applicativo dei meccanismi incontrati finora e messi in pratica solo con la parola.
Se infatti la parola ci lascia a un livello più intellettuale, il corpo ci ob-

bliga ad agire in una dimensione concreta, rendendoci consapevoli anche fisicamente del comico che stiamo generando.
La visualizzazione, lo abbiamo più volte ripetuto, è quasi sempre condizione fondamentale per la sintonia umoristica tra attore e pubblico e per la nascita dell'effetto comico. Attraverso le parole però la visualizzazione è ottenuta per evocazione, quasi per suggerimento, mediante la stimolazione della fantasia di chi ascolta (il pubblico) da parte di chi si esprime (l'attore comico).
Sotto certi aspetti, fare ridere usando le parole è più difficile, in quanto ciò che lo spettatore vorrà "vedere" mentre noi parliamo non è sotto il nostro controllo, esula dalla nostra responsabilità. Per lo stesso motivo però, è anche più facile, poiché una volta stimolatone l'umorismo, lo spettatore tenderà a costruirsi da solo le immagini più adatte a confermarlo e alimentarlo.
Viceversa, generare comicità attraverso l'espressione non verbale richiede un impiego di se stessi non (o non solo) come narratori, testimoni o protagonisti, vittime o fustigatori di una data situazione, di una persona o di un'idea, ma direttamente come agenti visibili di ciò che sta avvenendo in scena.
Possiamo perciò dire, in una un po' grossolana ma veritiera separazione dei valori, che il verbale è il contenuto mentre il non verbale è la forma. Se attraverso il verbale fornisco un contenuto e lascio al pubblico la libertà e il compito di visualizzarne la forma, con il non verbale offro la forma, consentendo al pubblico di immaginare il contenuto.
Naturalmente le due cose (comicità verbale e comicità non verbale) non si presentano sempre distinte, anzi, il più delle volte le vediamo agire insieme in un'unica espressione.
Nel precedente paragrafo, infatti, parlando di forma comica, abbiamo sostenuto che per fare ridere non basta semplicemente "dire qualcosa" ma occorre "dirla in un certo modo". Ciò vuol dire atteggiarsi, assumere un'espressione del volto, gesticolare e muoversi in un certo modo. Ricordiamoci sempre che non siamo autori ma attori, e che a un comico non basta inventare battute bellissime se poi non sa come dirle al pubblico.
Il motivo allora per cui dedichiamo un paragrafo intero di questo manuale alla comicità non verbale è perché la riteniamo, per un attore, più importante di quella legata alla parola.
Se infatti possiamo benissimo realizzare pantomime o sketch assolutamente muti, è molto raro proporre in palcoscenico monologhi o personaggi solo di parola, senza utilizzare il non verbale. Certo, una soluzione potrebbe essere quella di leggere ad alta voce i nostri testi, magari celati da un paravento, oppure di distribuire a tutti gli spettatori

un foglio con le battute scritte, perché ognuno se le possa leggere in pace. Ma, in un caso come nell'altro, sarebbe una serata di lettura, non di teatro comico.
Scherzi a parte, una soluzione è ad esempio quella della radio, in cui è possibile generare comicità esclusivamente attraverso la parola. Sebbene anche qui entrino in gioco elementi del non verbale come la *prosodia*, cioè il modo di articolare le parole, l'intonazione, il colore, il ritmo e la velocità del parlato.
Questo però è un altro argomento, per il quale, non avendo qui spazio per trattare in modo adeguatamente approfondito, rimandiamo ad altre pubblicazioni.
Esercitiamoci invece adesso con la comicità non verbale che può esprimere il nostro corpo, il nostro volto e il nostro gesticolare.
Nel farlo ci atteniamo alle stesse regole che hanno guidato fino a qui la nostra iniziazione al comico. Avendo già, di base, la visualizzazione, proveremo a lavorare in particolare con: lo spostamento del punto di vista, lo spiazzamento, l'incongruità crescente e lo slittamento cognitivo verso il basso e verso l'alto.

✦ **Il venditore di oggetti**
Questo allenamento si riallaccia alla terza fase dell'esercizio *Esercizi mentali, da eseguire singolarmente* a p. 33, in cui abbiamo provato a spostare il punto di osservazione sugli oggetti reali.
L'unica differenza tra questo e quello è che, se in quel caso l'allenamento era solo mentale, ora proviamo a trasformare il nostro pensiero in espressione comica, creando un vero e proprio sketch.
Scegliete un oggetto qualsiasi, che naturalmente possiate tenere in mano e trasportare di fronte a un pubblico. Evitate quindi la lavatrice, l'automobile o il pianoforte a coda.

Esempio: Noi scegliamo... "un ombrello".

Valutatelo attentamente, osservatelo da tutti i lati, scomponetelo (se è possibile) e cercate di utilizzare in modo differente ogni suo singolo componente. Poi ricomponetelo, piegatelo, raddrizzatelo, stortatelo, apritelo, chiudetelo, mettetelo in funzione, spegnetelo. Insomma, cercate di trovare quante più possibili utilizzazioni dello stesso.
Lavorate al massimo con la fantasia, non fermatevi all'ovvio, al possibile e neppure al probabile ma arrivate all'improbabile, all'impossibile, all'assurdo, al surreale.

Esempio: nel caso del nostro ombrello alcune funzioni possono essere rispettivamente:

- *ovvio*: una protezione per la pioggia o per il sole;
- *possibile*: un'arma di difesa personale;
- *probabile*: una stecca da bigliardo oppure una mazza da golf (se chiuso e stretto);
- *improbabile*: una piccola vasca da bagno (se aperto, capovolto e riempito d'acqua);
- *impossibile*: una barca per attraversare il mare oppure un paracadute;
- *assurdo*: un'antenna parabolica per comunicare con gli extraterrestri;
- *surreale*: una razza di uccello dalla forma strana.

Il vostro compito sarà ora di selezionare, tra tutte, le dieci/dodici funzioni del vostro oggetto che più vi divertono, cercando di sceglierne qualcuna per ogni categoria data. Mettetele quindi in ordine di congruità, in modo che le prime siano quelle possibili e le ultime quelle surreali. Come ultima lasciate la funzione più ovvia.

Operata la selezione e ordinate le funzioni, iniziate adesso a prepararvi, perché tra poco dovrete vendere il vostro oggetto a un gruppo di possibili compratori. Tra questi ci sarà qualcuno che potrà essere convinto a comprare per una funzione particolare (magari tra quelle probabili), qualcun altro invece sarà più interessato a un'altra funzione (forse una di quelle impossibili).

Non dovete e non potete lasciarvi sfuggire l'occasione di vendere il vostro oggetto anche solo a uno dei presenti.

L'unica avvertenza è che la vostra vendita avverrà nel più assoluto silenzio. Non potrete descrivere l'oggetto per venderlo, dovrete necessariamente mostrarlo "in funzione".

A una a una dimostrerete le possibilità dell'oggetto in questione, da quelle possibili a quelle surreali, facendoci capire in modo chiaro l'utilità dell'oggetto in quel dato caso.

Vietate le parole: potete usare solo l'espressione del volto, le mani, il corpo e, naturalmente, l'oggetto. Ad accompagnarvi nella vostra vendita sarà solo una musica di sottofondo.

Al termine della vostra esibizione potete finalmente dimostrare la funzione più importante, che avete non a caso tenuta per ultima: quella ovvia.

✦ L'audio mal funzionante

Questo allenamento, da eseguire in due, ci aiuta a capire l'importanza della comunicazione verbale e di quella non verbale attraverso la loro gestione alternata. Prima occorre eseguirlo improvvisando, poi potrete riproporlo preparato.

L'esercizio ci farà esprimere la nostra comicità attraverso lo spiazzamento e gli equivoci dovuti all'incongruenza tra la forma e il contenuto, cioè tra ciò che vediamo e ciò che sta realmente avvenendo sul palco.
A e B entrano in scena e iniziano a comunicare tra di loro semplicemente attraverso sguardi ed espressioni, movimenti e gesti. Non dovranno usare inizialmente la parola ma cercare in qualche modo di intendersi su chi sono, dove sono, cosa vogliono, cosa rappresentano l'uno per l'altro e perché sono in quel luogo in quel momento.
Piano piano inizieranno a dire qualche parola, con discrezione, sia per sondare il terreno sia per suggerire qualcosa all'altro. Quando inizieranno a parlare dovranno avere già le idee chiare.
Adesso possono tranquillamente chiacchierare tra di loro, speditamente, con sicurezza.
Come in un programma televisivo in cui il sonoro fa i capricci, potrebbe però succedere che l'audio vada via di colpo e la scena continui per qualche secondo o minuto senza che si possa capire di cosa stiano parlando i due attori o come si stia evolvendo il discorso.
E infatti accade.
A un segnale A e B continueranno il loro dialogo normalmente, ridendo, scherzando, arrabbiandosi, spaventandosi o piangendo, mantenendo sempre la congruità dei gesti, dei movimenti e delle espressioni.
Però muoveranno semplicemente le labbra poiché non potranno più proferire parola.
A un secondo segnale i due attori riprendono a parlare come nulla fosse, proseguendo naturalmente il dialogo non da dove era stato interrotto dalla mancanza di sonoro ma da dove è arrivato.
Gli scenari, le relazioni, le posizioni e gli umori dei due attori potranno cambiare repentinamente durante la mancanza di audio, lasciando così immaginare al pubblico le più varie interpretazioni di ciò che sta avvenendo in scena. Il pubblico darà contenuto dove vedrà solo forma e, insieme agli attori, verificherà se il contenuto era lo stesso immaginato da questi ultimi.

REGIA E AUTO-REGIA COMICA

La seconda che hai detto.
Corrado Guzzanti

Per un attore comico è determinante la libertà di espressione in ogni sua forma e ogni suo senso. Egli deve quindi molta della sua possibilità di agire alla trasgressione che, necessariamente, deve operare alle regole per realizzare un'operazione scenica che abbia efficacia comica.

Il linguaggio comico in azione

Per avere questa libertà d'azione occorre però un grado di responsabilità molto alto, un senso delle misure (fisiche ed etiche, di forma e di contenuto) sviluppato e un ferreo controllo di sé.
Scordatevi quindi di poter fare o di dire ciò che volete sul palco, poiché non tutto ciò che spiazza, che sorprende e che deforma, non tutte le cose assurde, le incongruenze e le esagerazioni, non tutti i contrasti, il collegamenti e le interazioni hanno la possibilità di diventare comici.
Ciò che deve fare un attore comico, sia in fase di creazione sia in fase di interpretazione di un personaggio (come vedremo nel prossimo passo), nel meccanismo di una commedia come nella singola esibizione dello stand-up, è mettere in atto una continua regia di se stesso. Anche in questo caso, stiamo parlando non tanto di una regia dei contenuti, quanto delle forme. L'attore comico, a differenza di un qualsiasi buon attore drammatico, non deve costruire la sua interpretazione mediante l'analisi delle emozioni, dei sentimenti e delle intenzioni, del passato, del presente e di un ipotetico futuro del personaggio. Piuttosto deve basare la sua auto-regia sugli aspetti esteriori del personaggio e del suo agire: i movimenti, le espressioni, la prossemica e la relazione con gli altri eventuali personaggi in scena.
Per fare questo, il comico deve essere, nello stesso tempo, creatore delle regole cui attenersi e trasgressore delle stesse.
Trasgressore in quanto non esiste espressione comica che non si faccia beffe di una qualche regola logica, sociale, morale, etica estetica, del buon gusto o del buon senso.
Creatore perché in realtà la linea logica che il pubblico dovrà seguire, per poter cadere nella *trappola umoristica*, deve essere il più possibile chiara e precisa. Non si devono creare interferenze che possano distrarlo dal seguire la strada tracciata, che condurrà nel punto esatto dove l'attore ha deciso di collocare il proprio *tranello comico*. Ogni ambiguità non voluta, ogni incongruenza non ricercata può ridimensionare di molto, se non annullare totalmente l'effetto comico ricercato.
Nelle prossime pagine applicheremo due diversi esercizi: il primo sugli equivoci, per allenarci a creare regole e a seguire un rigoroso filo logico, il secondo invece per allenarci a trasgredire entrambi.

✦ Stratagemma XIV: il gioco degli equivoci

Un buon allenamento per prendere confidenza con l'arte di creare un filo logico ferreo e di consentire che sia trasgredito in ogni momento è quello degli equivoci.
Anche questo è uno stratagemma compulsivo come quelli che abbiamo imparato nei paragrafi precedenti e ci consente di fare pratica con l'auto-regia comica attraverso un lavoro sugli equivoci.

Ci sono diversi tipi di equivoci ma noi ora lavoriamo su tre:

1) equivoco di luogo;
2) equivoco di persona;
3) equivoco di argomento.

Equivoco di luogo
In questo primo stratagemma iniziamo a lavorare con due attori (A e B), entrambi convinti di essere in un luogo preciso. Uno però diverso dall'altro. Ad esempio A potrebbe immaginare di essere nello studio di un commercialista mentre B, magari, nello scompartimento di un treno.
I due iniziano a parlare tra loro, restando però fermamente convinti di essere ognuno nel proprio rispettivo luogo, dall'inizio alla fine dell'improvvisazione.
La regola cui entrambi si dovranno attenere è quella di non utilizzare mai parole chiave troppo rivelatrici del luogo in cui credono di trovarsi. Nel caso A dovrà assolutamente evitare di dire una cosa come «Buongiorno, è già arrivato il commercialista?» ma potrà dire, per esempio, «È tanto che aspetta?».
Sebbene, anche in questo caso, B (che, ricordiamo, crede di essere su un treno) potrebbe rispondere comunque qualcosa, magari: «Caspita... addirittura un commercialista! Comunque io il biglietto ce l'ho». E A: «Ah, perché bisogna prendere il biglietto?». B: «Beh... certo. Non ha il biglietto lei?». E ancora A: «No no, ma basta capire chi è l'ultimo» ecc...
Bisogna mantenere la nostra convinzione fino al termine della scena, senza perdere mai la certezza di trovarci davvero dove pensiamo di essere. Senza farci distrarre da nulla e, anzi, ricollocando e giustificando come plausibili e, anzi, addirittura confermante, ogni parola detta dall'interlocutore.
Lo stesso stratagemma possiamo metterlo in atto anche iniziando senza parole, cercando di intendersi solo con azioni, sguardi e gesti.
Inoltre possiamo creare una situazione con tre/quattro personaggi differenti, ognuno dei quali convinto di essere in un luogo diverso.

Equivoco di persona
L'equivoco di persona sottende alle medesime regole del precedente ma, in questo caso, entrambi pur sapendo di essere nel medesimo luogo, sono convinti di trovarsi di fronte a una diversa persona.
Per esempio A è al parco in attesa di B, una persona conosciuta in chat, mentre B è al parco in cerca di A, un nuovo pusher.
Oppure, complicando un po' la cosa ma rendendola senz'altro più interessante, A potrebbe pensare di essere uno psichiatra che sta analizzando B (credendolo un paziente completamente pazzo) mentre B

pensa anche lui di essere uno psichiatra che sta analizzando A (credendolo, a sua volta, un paziente folle).

Equivoco di argomento
In quest'ultimo caso l'equivoco è intorno all'argomento poiché sia A sia B sanno benissimo chi è l'altro e in che luogo entrambi si trovano.
Ad esempio, due amici (A e B), seduti al bar, stanno parlando. A però è convinto che si stia parlando della moglie di B mentre quest'ultimo sta parlando della propria automobile.
Dopo averli improvvisati, gli stessi stratagemmi possono essere preparati e trasformati in sketch.
Per farlo nel modo migliore la cosa più importante è scegliere due argomenti differenti, stilando per ognuno di essi una serie di parole chiave che possano facilitare doppi sensi.
Ad esempio: Donne/Automobili.
Sotto la voce "donna" mettiamo tutte le parole (aggettivi, oggetti, verbi, anche frasi brevi o modi di dire) che rientrano nel suo ambito semantico e che, in qualche modo, anche per richiamo, possono appartenere anche a quello della voce "automobile".
Esempi:
Aggettivi: bella, vecchia, costosa, bassa.
Oggetti: pelle, cinture, specchietti, frizione.
Per richiamo: fanali, air bag, muso, posteriore.
Frasi o modi di dire: le ho fatto il rodaggio, mi dà delle belle soddisfazioni, d'inverno uso le catene, mi ha lasciato a piedi.
Con le vostre parole chiave potrete provare a preparare qualche equivoco sotto forma di sketch.

Guardatevi un esempio di equivoco di argomento (che si trasforma anche in equivoco di persona) realizzato da Christian De Sica in uno dei film della serie *Vacanze di Natale*[14], in cui il nostro protagonista pensa che la moglie vada a un convegno amoroso quando invece si tratta di una semplice partita a tennis. Guardatevi anche una scena del primo film della stessa serie, in cui l'attore Guido Nicheli parla dell'automobile mentre la moglie (e con lei il pubblico) pensa stia parlando di lei {☞ **Tennis o convegno amoroso**}.
Un'evoluzione del meccanismo di equivoco la forniscono proprio Greg e Lillo, nello sketch della telefonata, in cui entrambi danno l'impressione di parlare esattamente della stessa persona (la medesima fidanzata) fino a proporre un finale assolutamente spiazzante proprio per-

---

[14] Il primo film della serie, diretto da Carlo Vanzina, è del 1983.

ché confermante l'impressione iniziale. In questo caso i due comici romani rinnovano il vecchio meccanismo con una soluzione inedita {☞ **La telefonata**}.

✦ La fantasia al potere
Ecco invece come allenarci a trasgredire le regole, di qualsiasi genere e natura, a cominciare da quelle della logica e della fattibilità.
Il principio è lo stesso delle cento cose da non fare, inserito nel paragrafo sulla creazione di un nuovo comune buon senso. Qui però dovremo pensare a cento cose da fare o, per meglio dire, ai *cento modi per fare la stessa cosa*.
Potete farlo con qualsiasi azione, da "bere un'aranciata" a "infilarsi le scarpe" ma, siccome siete comici in erba, vi proponiamo di pensare a *cento modi per fare il proprio ingresso sul palco*.
Iniziate pensandoci e scrivendo un lungo elenco su un bel foglio bianco. Se ve ne vengono in mente solo dieci/venti riponete per un attimo il foglio e pensate ad altro, poi tornateci sopra e scrivetene altri dieci/venti. E così via, fino a che arrivate a cento. Vi sembrerà impossibile ma ci riuscirete.
È proprio il momento di dare fondo a tutta la fantasia che vi è rimasta. Non ragionateci troppo e, soprattutto, non cercate a tutti i costi la fattibilità delle idee che vi vengono. Fate come i bambini, per i quali non ci sarebbe alcun problema a dire "Entro sul palco portato dai marziani su un'astronave" oppure "Entro sul palco sputato fuori da un drago arancione".
Bene, ora che avete scritto su un foglio i cento modi per fare il proprio ingresso sul palco è giunto il momento di mettervi davvero alla prova, per vedere di che pasta siete fatti.
Dal momento che siete attori, e non scrittori, adesso dovete provare fisicamente a fare il vostro ingresso sul palco in cento modi differenti. Cercate di trovare modi il più possibile diversi uno dall'altro, sapendo che l'unico limite non è il vostro corpo (vi invitiamo però alle dovute attenzioni, s'intende) ma la vostra mente.

✦ Pantomima del reale
Questo allenamento da palcoscenico potete prepararlo da soli, a casa. Serve come spunto per stimolare e allenare il vostro spirito di osservazione della realtà e, nello stesso tempo, come pratica per mettere alla prova la vostra capacità di auto-regia.
Provate a osservare attentamente una o più situazioni ricorrenti, tipiche della vita sociale o professionale oppure dell'immaginario televisivo, sportivo, cinematografico. Per facilitarvi il compito, pensate a

situazioni così abituali da poter essere rappresentate senza l'utilizzo di parole per essere immediatamente comprese da chiunque.

Ciò che dovete fare è isolare un protagonista di questa situazione e concentrarvi su di lui, sui suoi movimenti, sulle espressioni.

Ad esempio se pensate a un posto di blocco su una strada statale potete concentrarvi sul poliziotto che attende le auto di passaggio con la paletta in mano, se pensate a una partita di calcio magari concentratevi sul portiere di una delle due squadre in campo oppure su un tifoso sugli spalti. Se pensate a un ufficio pubblico potreste isolare un impiegato, una persona in fila oppure una guardia giurata all'ingresso, se pensate invece al traffico potreste concentrarvi su un vigile oppure su un passante che cerca di attraversare la strada.

Studiate il suo stile, le sue azioni e fate vostri i suoi movimenti, le sue espressioni, i suoi atteggiamenti, quindi preparate una pantomima realistica (della durata massima di uno/due minuti) in cui rappresentate l'azione del soggetto su cui avete concentrato la vostra attenzione.

La realizzazione in palcoscenico della breve pantomima avrà lo scopo di evocare, attraverso la rappresentazione del personaggio singolo, la situazione in cui egli vive e si muove.

Per esempio, rappresentando il poliziotto, evocherò la situazione di un posto di blocco, evocando il portiere di una squadra, l'intero svolgimento di una porzione di partita.

Per trovare ispirazione, vi consigliamo di riguardare i vecchi filmati del mimo comico francese Jaques Tati oppure i più recenti cortometraggi dell'attore inglese Rowan Atkinson (Mr. Bean) o, infine, per restare in Italia, i primi film di Maurizio Nichetti {☞ **Caricatura del reale**}.

IL PUBBLICO

Sei mai stato in uno zoo?
Voglio dire... come spettatore?
Tony Danza

Per un attore comico, il pubblico non è soltanto il destinatario della sua arte e del suo messaggio, colui che, attraverso la risata, l'applauso, il silenzio, l'apprezzamento o la disapprovazione, è arbitro unico del suo successo. Esso è anche elemento basilare e continuo punto di riferimento per l'intera fase di creazione e impostazione del personaggio, del testo, dello spettacolo.

Ci sono naturalmente grandi differenze tra lo stand-up comedian, il comico di cabaret e il comico interprete di monologhi e commedie teatrali, come ci sono differenze tra il linguaggio televisivo, quello teatrale e quello cinematografico. In tutti i casi però, per chiunque intenda generare comicità attraverso la propria esibizione, il pubblico, ben prima di essere referente finale e giudice della sua esibizione, deve essere ispiratore attivo e collaboratore creativo.

Se per l'attore drammatico è possibile preparare un personaggio o una parte seguendo le indicazioni del regista e provando da solo, magari di fronte a uno specchio e di fianco a un registratore, per misurare espressioni, movimenti e interpretazione, per un comico lo stesso lavoro sarebbe, se non inutile, quantomeno incompleto.

Può essere relativamente utile dal punto di vista tecnico, per il "cosa" (memorizzare una posizione, un movimento, l'ordine delle battute), assai meno da quello interpretativo, il "come" (i tempi, i modi, la sintonia umoristica).

Insomma, se l'attore drammatico costruisce il suo personaggio, il ruolo e le scene per il regista e insieme con lui, l'attore comico lo fa in misura maggiore con il pubblico e per esso. In un certo qual modo, possiamo dire che il comico ha sempre due registi, di cui uno è più influente, e due autori, di cui uno è più influente. Lo avrete capito: in tutti i casi il più influente è sempre il pubblico.

Il pubblico, essendo quindi un autore-regista "in scena" offre al comico la possibilità di sorprendersi delle sue stesse creazioni e di creare attraverso la sua stessa sorpresa. Sta al comico cogliere questa possibilità, trasformando ogni reazione di chi lo osserva e lo ascolta in una risorsa.

Non a caso quasi tutti gli esercizi e gli stratagemmi illustrati finora hanno uno sviluppo scenico. Perché non è quasi mai possibile comprenderne l'effetto senza la presenza di un pubblico in grado di confermarlo. Seppure, come nel nostro caso, un pubblico di "compagni di allenamento".

Le cinque funzioni del pubblico

Vediamo brevemente ognuna delle cinque funzioni che riveste il pubblico per la creazione e lo sviluppo di un personaggio e per l'allestimento e la rappresentazione di una performance comica di qualsiasi natura.

Funzione Ispiratrice, per la produzione delle idee
Prima di diventare referente finale, il pubblico deve essere fonte di ispirazione per il comico: va osservato e ascoltato. Ricordiamoci sempre che il pubblico è composto di singoli individui che vorrebbero si parlasse con loro e di loro e desidererebbero condividere immagini, idee, punti di vista. Chi sale sul palco per rappresentare qualcosa di comico ha l'obbligo di cercare la sintonia con il proprio pubblico ben prima di immaginare un personaggio o uno spettacolo. Il nostro pub-

blico vive, cammina, lavora e si diverte con noi, è composto di persone che incontriamo tutti i giorni in casa, al bar, sul lavoro, negli uffici, in vacanza. Occorre perciò incontrarlo il prima possibile, iniziando proprio dalla vita di tutti i giorni. Allenarvi a simpatizzare con le persone, durante la vostra vita sociale, vi aiuterà a trovare la sintonia con le persone che, domani, saranno in platea a decidere se ridere o no di ciò che dite o per ciò che fate. Cercate di stabilire, in modo naturale e sincero, un contatto diretto con le persone e di condividere con esse la maggior parte di informazioni, idee e sentimenti. Cercate di approfondire al massimo la vostra cultura, di prendere coscienza dell'universo di significati e di utilizzare la maggior parte dei linguaggi semantici, culturali e cognitivi. Consentite alle persone di interloquire facilmente con voi, anzi, invitateli a parlare mentre vi ascoltano, a intervenire sulle cose che dite. Prima di cercare di fare ridere i vostri interlocutori, imparate ad ascoltare le cose che essi dicono e a trovarle divertenti, ridendone magari di gusto. La vostra non deve mai essere una comunicazione a senso unico ma circolare. Mentre gli altri parlano, ascoltateli con attenzione e fatelo capire interrompendoli solo nei momento giusti, parafrasando ciò che dicono, riassumendo i loro concetti, rispecchiando, evidenziando e talvolta riformulando le parti salienti del loro discorso. Insomma, aprite gli occhi, tendete le orecchie e alzate le antenne, assorbite il più possibile e lasciatevi ispirare. Studiate i gusti, i sogni, le indignazioni, le idee, i valori e i ragionamenti delle persone, osservatene i tic, i modi di dire, il gergo, il lessico, il punto di vista. Ricordatevi che il pensiero umoristico, quello che vi consentirà di immaginare il comico (prima ancora di crearlo e rappresentarlo) si allena nell'osservare e nell'ascoltare ciò che vi circonda più che nel dire e nel fare.

Funzione Formatrice, per la creazione del personaggio
Attraverso una continua fase di studio del vostro pubblico, non ancora riunito in una platea ma incontrato nel suo "habitat naturale", potete pian piano formarvi un immaginario comico entro cui far vivere un personaggio che abbia in sé elementi congrui e, insieme, di incongruità con esso. Potrete quindi iniziare a selezionare parole e frasi con le quali costruire pian piano discorsi e concetti da fargli esprimere. Questa fase corrisponde alle prime performance sul palco: adesso avete tutte le persone di fronte a voi, è il momento di rivolgervi a loro. Non dimenticate però l'atteggiamento con cui, nella fase precedente, vi siete lasciati ispirare. Quando provate idee nuove, magari embrionali, sul palco, non potete permettervi di essere auto-referenziali ma, anzi, anche in questo caso cercate di tenere conto il più possibile delle esigenze degli stili

cognitivi e dei codici linguistici del pubblico. Provate a immaginarvi come materia plastica, come sagoma cui dare forma e lasciatevi modellare dal pubblico. Quando è in questa fase l'attore comico deve mantenere una particolare condizione di apertura nei confronti del pubblico. In questo momento, questo modello di creta non soffre, non muore, non si ammala seriamente, quando cade non si fa male, quando si innamora piange come dio comanda ma quando si diverte ride di gusto e in modo contagioso. Il personaggio che sta prendendo forma sotto gli occhi del pubblico non ha gusti, non ha problemi insormontabili, non ha odore, non ha colore, non ha sapore. Assume gli umori del pubblico, che lo modella con risate e applausi ma anche con silenzi mugugni. Assorbe e condivide i problemi delle persone che lo stanno ad ascoltare, li irride, li scompone, li deforma e li ricostruisce a proprio piacere e per il piacere del pubblico. Nel fare questo, il personaggio nascente non chiede compassione ne comprensione: è il primo a ridere di se stesso e delle proprie difficoltà, ben conscio che ogni reazione da parte del pubblico, anche la più fredda o la più ostile, sarà un'indicazione utilissima per la propria crescita.

Funzione Regolatrice, per la preparazione dell'argomento
Modellato il personaggio, cioè trovata la forma, dobbiamo mettergli dentro parole e pensieri, cioè dargli del contenuto. In questa terza fase potete anche rendere il vostro linguaggio un po' aggressivo e un po' urtante il vostro punto di vista ma dovete conservare un atteggiamento umoristico. In altre parole dovete riuscire a trasformare le persone che vi ascoltano in vostri alleati e, così facendo, diventare loro "compagno di risata". Il contenuto che state assemblando deve inoltre essere condiviso in modo positivo. Cioè l'atteggiamento che mostrate (indignazione o apprezzamento) verso l'oggetto delle risate che state provocando deve cercare comunque di rendere questo simpatico al pubblico. Avrete tempo di affinare e calibrare il vostro linguaggio poiché la "tutela del pubblico" non finirà mai. Per essere comici costantemente in linea con il periodo, con il sentire comune e con gli umori cangianti del pubblico, dovrete imparare a vedere sempre il pubblico come un regista e un autore, il migliore che avete a disposizione. In questo momento state ancora creando e state imparando a conoscere il vostro personale *ambiente pre-umoristico*:

> quella felice situazione in cui non esiste differenza tra chi agisce e chi fruisce [...] lo spazio magico dove l'umorismo può innescarsi, circolare liberamente ed essere recepito senza riserve, dove ogni messaggio si può trasformare in un'idea nuova, originale, spiazzante e, proprio per questo, essere condiviso da tutti quelli che si trovano nel suo perimetro. Senza un ambiente umoristico adatto, nessuna battuta

sarebbe abbastanza forte o comica da generare una sintonia umoristica con il pubblico e la conseguente risata.[15]

Funzione Giudicante, per l'esibizione finale
È arrivato il momento dell'esibizione vera e propria, anzi, della prima esibizione. In questa quarta fase, quando salite sul palco, dovete avere ben chiaro in testa ciò che volete dire e parlare chiaro, usare i toni giusti e usare a vostro vantaggio le barriere costituite da rumori, parole straniere, scarsa visibilità, basso volume. State innescando il *gioco umoristico*, dovete quindi *riuscire a stabilire con il pubblico un'intesa che viene molto prima e termina ben oltre la comicità stessa*. Parlate in modo semplice e sollecitate le reazioni di chi vi ascolta, per rendervi consapevoli del vostro stato emotivo e per sintonizzarlo con quello del pubblico. Non abbiate pregiudizi e stereotipi perché per voi ogni cosa deve essere fonte di stupore. Il pubblico deve essere un amico con cui ridere e sorridere, un alleato. Siate calmi, rilassati e cercate di imparare il modo migliore per lanciare un segnale al vostro pubblico, una strizzatina d'occhio: "Ragazzi, questo è l'ambiente giusto... il gioco sta per incominciare". Prendete l'attenzione, proponete il gioco e spiegatene le regole, i tempi e i ritmi. Poi invitate il pubblico a giocare con voi e lasciatelo collaborare alla vostra rappresentazione.

Funzione Ricevente, per la riproposta seriale del prodotto confezionato
L'ultima funzione del pubblico è quella che più siamo abituati a riconoscergli: quella di destinatario ultimo del nostro lavoro di attori, di autori o di registi. In questa fase, il pubblico può osservare un prodotto finito, confezionato e seriale, forgiato dagli "altri" pubblici e creato in collaborazione con essi. Nonostante ci si senta certi del valore del nostro prodotto, anche in questi momenti dobbiamo cercare la sintonia con il pubblico, provocando reazioni e adattandoci a esse. Anche di fronte a un prodotto finito, uno spettacolo, delle battute e dei personaggi concepiti, scritti, diretti e provati altrove, il pubblico deve conservare l'impressione di spontaneità. Come se tutto avvenisse per la prima volta in quel preciso momento. Ora che il gioco è innescato starà a voi condurlo, imponendo regole e rispettandole, dettando i tempi e mantenendoli, suggerendo possibilità e soddisfacendole. Facendo ciò, dovete ricercare e ritrovare costantemente, riproponendola al pubblico, la genuinità del momento in cui la comicità che state rappresentando in scena è scaturita spontaneamente la prima volta.

---

[15] Matteo Andreone, Rino Cerritelli, *Una risata vi promuoverà*, op. cit.

Le funzioni del pubblico per un comico, così elencate, dovrebbero farvi capire che la preparazione di un personaggio o di una performance umoristica non è concepibile senza la presenza ricorrente del pubblico.
Toglietevi dalla testa che un prodotto comico si possa preparare esclusivamente nel segreto di una stanza per poi proporlo come finito al pubblico.
Specie il personaggio ma anche un certo genere di spettacoli comici, funziona spesso solo se prende vita di fronte al pubblico ed è costruito insieme al pubblico.
Naturalmente, ciò non toglie che molte cose possano e debbano essere create non in presenza di pubblico ma imposte esclusivamente come prodotto finito.
È certo infatti che molte intuizioni abbiano la necessità di essere elaborate senza influenze, ispiratrici, formatrici o giudicanti. Questo per consentire a un'idea originale, che potrebbe non essere apprezzata dal pubblico nella sua forma embrionale, di poter nascere e svilupparsi in *ambiente protetto*. Vale a dire davanti a un formatore, un regista o a un autore.

La quarta parete: creazione e infrazione

A proposito di *pareti* in un palcoscenico, parliamo di *prima parete* nel teatro di tradizione quando ci riferiamo al fondale, alla parte retrostante l'attore, quella che il pubblico vede come sfondo alla rappresentazione. Riferendoci ai pannelli laterali di destra e di sinistra, quelli dotati di quinte attraverso cui gli attori entrano ed escono di scena, parliamo di *seconda* e *terza parete*.
Queste prime tre pareti sono fisiche, visibili e identificabili. La *quarta parete*, invece, è quella virtuale che gli attori erigono tra loro e il pubblico. Il suo scopo è quello di isolare la narrazione stessa dal mondo reale, consentendo prima all'autore, poi al regista (quindi agli attori) di ambientare il racconto in qualsiasi situazione. Attraverso la quarta parete è possibile evocare qualunque ambiente, facendo finta che il pubblico in sala non esista. Sul palcoscenico l'attore può guardare in fondo sala, dietro le spalle del pubblico, e immaginare di osservare un tramonto, vedere un'automobile che arriva a tutta velocità oppure un'onda gigante. E il pubblico ci sta, accetta di essere illuso dalla finzione (ma non dalla falsità, parleremo tra poco della differenza tra le due cose) e collabora al gioco. Quindi scompare.
Nell'allenamento al comico invece, una cosa fondamentale è quella di infrangere la quarta parete, non prescindendo mai dalla sua presenza e cercando sempre la sintonia diretta con esso.
Per farvi aiutare dal pubblico, consentendogli di mettere in atto le sue funzioni, sforzatevi sempre di vederlo, parlargli, rispondergli.

Il linguaggio comico in azione

✦ I livelli di coinvolgimento dell'uditorio
Per addentrarci ancora un po' di più nell'argomento pubblico, così importante per la creazione comica, illustriamo brevemente i livelli di coinvolgimento dell'uditorio, con i quali possiamo ampliare le nostre capacità di comunicazione e allenarci per rendere più elastica la nostra performance.
Iniziate scaldandovi in gruppo, camminando tutti insieme nello spazio di allenamento. Fatelo però seguendo i seguenti dettami, corrispondenti ognuno a un livello di uditorio.
I primi tre livelli possono essere eseguiti da tutte le persone contemporaneamente mentre gli ultimi tre saranno eseguiti da una persona per volta.

Primo livello: siete soli e non osservati
Camminate per la stanza e il vostro atteggiamento, il comportamento che avete e i movimenti che fate sono quelli naturali tipici di una persona non osservata da alcun occhio esterno. Per aiutarvi immaginate di essere soli in una stanza vuota.

Secondo livello: siete tra la gente ma nessuno vi presta attenzione
Da questo momento siete in mezzo alla gente. Tutti vi possono vedere e voi potete vedere tutti ma nessuno vi presta particolare attenzione. Immaginate di passeggiare per la strada mentre osservate le vetrine oppure nell'atrio di una stazione ferroviaria.

Terzo livello: siete al centro dell'attenzione ma restate naturali
State camminando in mezzo a tante persone ma ora siete certi di essere al centro dell'attenzione, pur non facendo granché per esserlo. Siete naturali e a vostro agio. Immaginate per esempio di essere una persona estremamente famosa in un luogo pubblico.

Quarto livello: modificate le vostre azioni perché osservati
Continuate a essere osservati ma, questa volta, ne siete influenzati fino a modificare le vostre azioni per meglio figurare. La situazione è tipica di chi, pur non essendo abituato, suo malgrado, per un momento e per qualche motivo, si trova al centro dell'attenzione.

Quinto livello: fate di tutto per farvi notare dagli altri
La situazione cambia perché adesso non solo vi sentite al centro dell'attenzione ma fate di tutto per restarlo. Ogni movimento, ogni azione, ogni espressione è funzionale alla vostra volontà di mantenere il più possibile l'interesse delle persone su di voi. Giocate con i movimenti, gli spostamenti, le posture e le posizioni e spingete al massimo la vostra teatralità senza però mai rivolgervi direttamente a loro. Potete usare la voce solo per parlare da soli, cantare, recitare.

Sesto livello: diventate invasivi per prendervi l'attenzione
Tutto ciò che fate da questo momento è finalizzato a richiamare l'attenzione degli altri. Come un'artista di strada, cercate di fermare gli astanti per potervi esibire di fronte a loro o come un oratore, cercate di affascinarli e convincerli ad ascoltarvi. Le persone intorno a voi prendono parte in modo realistico al gioco di ruolo. Per cui, se saranno interessati a quanto state facendo si fermeranno a osservarvi o ascoltarvi, altrimenti continueranno a camminare senza degnarvi di particolare attenzione. Mettetevi alla prova, trovate idee e provate qualsiasi mezzo per attirare l'attenzione degli altri, senza però toccarli o contrastare il loro cammino. Potete parlare, urlare, dire cose più o meno sensate, spogliarvi, svenire, insomma, tutto per attirare la loro attenzione.

Settimo livello: cercate il dialogo e il coinvolgimento
L'ultimo livello richiede che mettiate in atto un'opera di coinvolgimento totale con le persone che vi circondano. Adesso il vostro obiettivo non è più solo quello di cercare l'attenzione, bensì di coinvolgere tutti, di convincerli, di coalizzarli verso un identico obiettivo o in un gioco collettivo. Potete parlare con tutti e con ogni singola persona, allearvi, fare domande, fermarli, farvi aiutare a fare qualcosa. Se convincete le persone, questi si faranno coinvolgere e collaboreranno o giocheranno con voi, altrimenti continueranno a camminare senza darvi attenzione oppure si limiteranno a guardarvi e ascoltarvi ma senza agire personalmente. Anche in questo caso siate creativi, trovate idee, siate originali, cercate di essere interessanti. Potete muovervi, fare, dire e creare le situazioni che volete (restando senz'altro nel socialmente ammissibile e nel legalmente consentito).

✦ Contendersi l'attenzione del pubblico
Un secondo esercizio che, per allenare la capacità di attrazione del pubblico sfrutta anche l'istinto di competizione, si esegue con A e B contemporaneamente sul palcoscenico.
Dividete il palco in due: destra e sinistra. A sale e si dispone nella parte destra, B in quella sinistra, entrambi si rivolgono al pubblico.
A e B iniziano la loro esibizione nello stesso momento: potranno improvvisare qualsiasi cosa, una pantomima, una presentazione, un discorso, un gioco di prestigio, un balletto, uno sketch, un monologo, una serie di gag.
Dovranno rappresentare ciò che vorranno partendo dal primo livello di coinvolgimento fino ad arrivare al settimo, cercando di dare il massimo di espressività, concentrazione e misura per il livello consentito. Il pubblico potrà seguire le due esibizioni simultanee e lasciarsi attrarre di volta in volta da quella che più riesce nell'intento. Ognuno dei

due attori dovrà fare di tutto per essere più attrattivo, interessante e coinvolgente dell'altro. Ogni proprio calo di tensione corrisponderà inevitabilmente alla perdita di sintonia con la platea, quindi una perdita di attenzione a vantaggio dell'altro attore.
Tenete ben presente che l'attenzione del pubblico non la si ottiene solo alzando la voce o muovendosi di più ma, spesso, agendo all'opposto. Eduardo, quando sentiva il pubblico rumoroso o poco attento, invece di alzare la voce, soleva abbassarla, fino a renderla quasi un sussurro. Solo in questo modo, sosteneva, il pubblico era costretto a fare silenzio per ascoltare meglio le parole della commedia.

✦ Gestire la comicità generata da altri
L'allenamento alla gestione del pubblico e all'utilizzo delle sue funzioni per migliorare la nostra comunicazione, la nostra forma e il nostro contenuto comico, può essere ulteriormente esercitata attraverso la conduzione di una serata.
Approfittate ogni qual volta ne avete l'occasione, per rivestire il ruolo di presentatore di una serata di cabaret. Il presentatore ha la responsabilità della buona riuscita di una serata, deve quindi intercettare gli umori del pubblico e gestirli affinché tutto fili liscio. Però non ha la responsabilità artistica di proporre qualcosa di comicamente efficace, gli basta controllare i tempi e i modi tra un'esibizione e l'altra.
Può improvvisare e infrange costantemente la quarta parete. Anzi, per lui essa non esiste affatto, dall'inizio alla fine della serata.

PALESTRA UMORISTICA: ALCUNI ESERCIZI PER METTERE IN AZIONE IL PROPRIO LINGUAGGIO COMICO

> *Io nella vita privata sono balbuziente...*
> *però quando c'è gente mi vergogno e allora parlo normale.*
> Nino Frassica

✦ Stratagemma XV: comando arbitrario ad argomento imposto
Uno stratagemma utile per mettere alla prova la nostra capacità di allineamento e connessione con il pubblico è quello del comando arbitrario ad argomento imposto.
Questo stratagemma si aggancia al numero XIII, *Comando arbitrario programmato* a p. 94. A differenza di quello però, questo si basa esclusivamente sulla relazione tra attore e pubblico.
Prima di far salire sul palco la nostra cavia preferita, A, dobbiamo questa volta preparare il pubblico, composto da B, C, D, E, F e G. Ognuno di loro dovrà decidere di quale argomento vuole che si parli, che dovrà essere diverso da quello scelto dagli altri, ad esempio: B è particolar-

mente interessato allo sport, in modo speciale il calcio; C ha a cuore solo il tema dell'ecologia e dell'inquinamento del pianeta; D vorrebbe invece sentire parlare solo di viaggi e vacanze ecc...
Ognuno di loro inventerà un particolare gesto o azione da abbinare al proprio argomento, ad esempio: incrociare le braccia e accavallare le gambe = calcio; grattata alla testa = ecologia; colpo di tosse = viaggi ecc...
Ora che siamo pronti chiediamo ad A di entrare in scena e di iniziare a parlare del solito argomento (o di un altro) a caso. Unica regola: deve essere un argomento che egli conosce bene e di cui può parlare per qualche minuto senza interrompersi.
Mentre A è impegnato a monologare sul proprio tema, dal pubblico arriveranno dei segnali precisi, gli stessi che sono stati inventati e abbinati agli argomenti nella fase preparatoria. Ogni volta che D tossirà, A, pur mantenendo il proprio tema, dovrà necessariamente toccare in qualche modo l'argomento delle vacanze, ogni volta che C si gratterà la testa, egli dovrà invece trovare il modo per parlare di ecologia e quando B accavallerà le gambe e incrocerà le braccia, dovrà infine inventarsi una scusa plausibile per parlare di calcio.

✦ Stratagemma XVI: esasperazione cause/conseguenze
Lo stratagemma che segue ha un preciso scopo di osservazione e deformazione del reale mediante una tipica tecnica umoristica: l'esasperazione. Vi consentirà di incominciare a capire come poter trasformare eventi, fatti e avvenimenti potenzialmente negativi in situazioni comiche.
Una minima connotazione negativa di un fatto, di una situazione o di un evento, come abbiamo già detto, è condizione di partenza necessaria per la sua rielaborazione umoristica.
Assecondando questo dettame, proviamo allora a immaginare una situazione dalle caratteristiche negative.
Il nostro consiglio è di pensare a qualcosa di realmente accaduto, possibilmente a voi stessi. Utilizzare momenti del proprio trascorso per imparare a generare umorismo su e attraverso essi, oltre a esercitare il nostro pensiero e il nostro linguaggio comico, mette alla prova e rafforza la nostra autoironia.
Il benessere che scaturisce quando prendiamo coscienza della possibilità di ridere su eventi (personali e non) che riteniamo negativi è alla base della nostra volontà di usare l'umorismo come arma di interpretazione della realtà, di comunicazione e relazione con gli altri. E voler usare il più possibile l'umorismo è il miglior modo per imparare a farlo.
Tornando allo stratagemma, pensate a una situazione accadutavi in un passato recente o remoto. Potete scegliere di raccontare della multa che avete appena preso oppure della fuga del gatto cui eravate molto

affezionati da piccoli, potete parlare del litigio con un amico oppure del furto della vostra costosa bicicletta.
Una volta ripensata, riportatela su un foglio bianco suddividendola (come già fatto per l'esercizio di p. 53 *Interpretazione di posizioni fisse a sequenza*) in cinque parti:

1) *Premessa*: inquadratura dell'ambiente e del tempo in cui si svolge la storia, presentazione dei personaggi oppure informazioni di base e utili elementi di partenza (abitudini, gusti, motivazioni).
    Esempio: «Quand'ero piccolo mi piacevano le nespole e, nelle sere d'estate, il nonno ne portava sempre a casa tre sacchetti. Per me e per i miei due fratelli».
2) *Inizio*: partenza, prime situazioni che preparano a ciò che accadrà.
    Esempio: «Era l'estate del 1975, a Grosseto. Quella sera io e i miei due fratelli stavamo giocando con i soldatini sul balcone di casa. Il nonno arrivò con i tre sacchetti di nespole e ce ne diede uno a testa».
3) *Sviluppo*: l'evento in sé, il cuore dell'avvenimento, il fatto negativo.
    Esempio: «Invece di mangiare subito le mie nespole, approfittai della distrazione di mio fratello Gustavo e gli rubai il suo soldatino più bello. Fu un attimo: Pimpy, il piccolo cane, prese in bocca l'intero mio sacchetto di nespole e fuggì per le scale, sgranocchiandole tutte».
4) *Conclusione*: com'è andata a finire la storia, come tutto si è concluso.
    Esempio: «Quella sera restai senza nespole, litigai con i miei fratelli, risposi al nonno e mi misi a piangere così tanto che mia mamma me le diede di santa ragione. Così mi ritrovai senza nespole, senza soldatino e con le natiche doloranti».
5) *Morale*: l'insegnamento che ne avete tratto (o che se ne può trarre).
    Esempio: «Da quel giorno ho imparato che le cose vanno fatte subito e che a fare troppo il furbo si finisce per rimetterci».

Ora che avete la vostra bella storia autobiografica, iniziate a esasperarla nelle cause e nelle conseguenze.
Potete farlo da soli oppure, ancora meglio, fare un lavoro di gruppo, facendo girare le proprie differenti storie alle quali ognuno fornisce il proprio contributo.
È un procedimento molto simile a quello della *Caricatura fisica e motoria ad accumulo*, incontrata a p. 72. Se però in quella l'esercizio di caricatura è puramente fisico e visivo, in questo è mentale e narrativo. Non si tratta quindi di fare una caricatura all'aspetto, l'espressione o il movimento, ma al racconto, all'idea stessa che esprimiamo. Non è una caricatura fisica ma di situazione.
Anche in questo caso andremo per gradi, esasperando una parte del racconto per volta.

Lavorate pure di fantasia ma non inserite elementi nuovi troppo fuori "misura", "contesto" o "contenuto". Esagerate solo gli elementi che già sono contenuti nella storia originaria.
Nell'esagerare naturalmente una causa otterrete una conseguenza esagerata ma congrua. Un'esagerazione incongrua della causa invece genererà un effetto irreale, quindi umoristicamente non accettabile.
Per dirla con Bergson: «Quando un dato effetto comico deriva da una data causa, l'effetto ci parrà tanto più comico quanto più naturale troveremo la causa»[16].
Ecco come per esempio potrebbe trasformarsi la nostra storia:

1) *Premessa*: «Quand'ero piccolo mi piacevano tantissimo le nespole, ne facevo praticamente una malattia, e d'estate il nonno ne portava sempre a casa qualcuna, trovata dopo ore di fatiche e di ricerche nei campi del circondario. Per me e per i miei quattro fratelli».
2) *Inizio*: «Era l'estate del 1975, a Grosseto. Quella sera io e i miei fratelli stavamo giocando da ore con i poveri fantocci di pezza davanti alla baracca. Il nonno arrivò con quattro povere nespole e ce ne diede una a testa».
3) *Sviluppo*: «Invece di mangiare subito la mia nespola, colto dai morsi della fame, approfittai della distrazione del mio fratello più piccolo Gustavo, debole e malato, e gli rubai il suo bambolotto di pezza, spingendolo a terra e facendogli battere la testa. Fu un attimo: Sansone, il vecchio cane lupo, si avventò sulla mia nespola e la inghiottì in un sol boccone».
4) *Conclusione*: «Quella sera mio fratello fu ricoverato in ospedale, io restai senza cibo, mi azzuffai con gli altri miei fratelli, insultai il nonno e mi misi a imprecare così selvaggiamente che mia madre mi pestò a sangue con un nervo di bue. Così mi ritrovai senza mangiare, senza gioco, con un fratello in ospedale, con una denuncia del nonno e con ecchimosi e tumefazioni in tutto il corpo».
5) *Morale*: «Da quel giorno non posso più mangiare nespole, ho il terrore di ogni cane che incontro, sono allergico alle bambole di pezza e ai nervi di bue, sono ancora in causa con mio nonno, sono stato diseredato e non vedo più i miei fratelli».

Le cose possono ovviamente ancora peggiorare. Continuate l'esercizio, rivedendo la storia daccapo più e più volte, fino a quando, come una caricatura, essa sarà completamente trasformata, pur mantenendo i medesimi tratti distintivi.

---

[16] Henri Bergson, *Il Riso*, op. cit.

Il linguaggio comico in azione

L'esasperazione delle cause e delle conseguenze è un meccanismo umoristico talmente sfruttato nella comicità, e presentato in tali e tante forme, che talvolta risulta difficile riconoscerlo. Può essere utilizzato: per costruire un monologo come *Le pillole* (*Canzonissima*, 1968) {☞ **Le pillole**}, in cui Walter Chiari gioca sui danni provocati dall'accumulo di medicinali; un dialogo come *Il timido* (*La via del successo*, 1958) {☞ **Il timido**}, in cui ogni consiglio di corteggiamento offerto da un amico più esperto (Mario Riva) genera un'ulteriore incertezza; per uno sketch {☞ **Il sarchiapone**}; per una situazione più lunga e costruita, come hanno fatto Stan Laurel e Oliver Hardy nel medio metraggio *Lavori in corso*, o lunga quanto l'intero film come Peter Sellers in *Hollywood Party*[17]. Può essere in forma letteraria, come in *Quel generale romano*[18] di Campanile. Può essere giocato attraverso un dialogo in cui l'esagerazione di uno genera e alimenta quella dell'altro, in un crescendo inarrestabile, come nello sketch delle *Esagerazioni tra amici* di Lillo e Greg {☞ **Esagerazioni tra amici**}. Può essere infine capovolto, come fa Alessandro Bergonzoni quando gioca a ridurre velocemente ai minimi termini una frase annullando, una dopo l'altra, ogni cosa appena affermata {☞ **Esasperazione capovolta**} oppure come nel caso di *Il Vangelo ridotto* di Maurizio Lastrico {☞ **Il Vangelo ridotto**}.

◆ Stratagemma XVII: decodificazione positiva/negativa
Analogamente allo stratagemma precedente, quello che stiamo per illustrarvi prende le mosse dall'individuazione di una situazione moderatamente negativa. A differenza di quello però, questo si prefigge lo scopo non di trasformare il reale (seppure attraverso la narrazione), bensì la percezione di esso.
Si tratta di uno spostamento del punto di vista, come quelli che abbiamo visto nel secondo passo. Adesso però lo facciamo scenicamente, spostando il nostro punto di vista direttamente su una situazione presentataci direttamente in scena.
A e B sono sul palcoscenico: il primo è il conduttore di una trasmissione televisiva di "casi umani", il secondo è un "caso umano".
B dovrà parlare di sé, della sua vita, dei suoi problemi e di cosa gli è appena accaduto di sfortunato. A dovrà interpretare qualsiasi cosa detta da B come indiscutibilmente positiva.
Per svolgere meglio il suo ruolo, A dovrà essere certo di avere come ospite una persona molto fortunata e benestante, che è venuto a con-

---

[17] Film del 1968, diretto da Blake Edwards.
[18] Contenuto nella raccolta *Vite degli uomini illustri*, Rizzoli, Milano 1979.

dividere il suo benessere con tutti i telespettatori. A non cercherà di consolare B, semplicemente perché è settato per interpretare come assolutamente positiva ogni cosa che questi gli dice o che fa. Persino l'aspetto emaciato lo considera uno stato di forma fisica ottimale abbinato a uno splendido abbigliamento casual.
Esempio: se A chiede: «Buongiorno, che ci dice di bello?» e B risponde: «Eh... che vuole che le dica... ho perso il lavoro!», A potrà ribattere (con aria raggiante) in questo modo: «Stupendo! Pensate, cari telespettatori, quale invidiabile situazione il nostro ospite. Ha tutto il tempo per riposarsi, senza dover sempre correre di qua e di là».
E non in questo: «Oh... quanto ci dispiace! Ma vedrà che riuscirà a trovare un nuovo lavoro!».
L'atteggiamento di A non dovrà essere *positivo* ma *umoristico*, cioè non dovrà accettare e comprendere la comune visione dei fatti ma proporre un'interpretazione di essi nuova e opposta.
Medesima operazione dovrà essere fatta decodificando inversamente il dato di fatto positivo.
Anche adesso A non dovrà essere *negativo* ma *umoristico*.
Esempio: se A chiede: «Buongiorno, coraggio, ci racconti tutto?» e B risponde: «Ah... mi è appena nato il primogenito!», A potrà ribattere (con fare contrito) in questo modo: «Accidenti signor B, mi dispiace molto. Chissà di quanto aumenteranno le sue spese da adesso. Si faccia forza, siamo tutti con lei». E non in questo: «Oh... che bello! Avere un bambino è la cosa più bella del mondo. Anche se... d'ora in poi aumenteranno anche le preoccupazioni. Ma siamo certi che questo è nulla in confronto alla gioia e alla felicità che dà un bimbo in casa».
Vediamo ora un paio di stratagemmi che prendono le mosse dalla gestione dell'uditorio. Il primo è costruito come una contesa scenica, il secondo invece è una semplice applicazione dei sette livelli attraverso una breve messa in scena.
Oltre a costituire una valida possibilità per creare sketch inquadrabili nella categoria degli equivoci (in questo caso potremo chiamarlo un "equivoco di gravità" o "di conseguenza", poiché gli interlocutori hanno una percezione diametralmente opposta delle situazioni narrate), la tecnica della decodificazione consente di creare monologhi di satira come quelli di Ascanio Celestini {☞ **Decodificazione positiva**}.

✦ Stratagemma XVIII: doppio monologo competitivo, collaborativo autoreferenziale
I Parte: Il Film a Due
A e B sono, come al solito, sul palco, uno a distanza di almeno un metro dall'altro. Entrambi sono rivolti al pubblico.

Il loro compito è di parlarci di un film che entrambi hanno visto. Si tratta naturalmente di una pellicola inesistente, la cui trama i due inventeranno nel corso dell'improvvisazione.
Per A(lberto) però il film è incentrato su A(lberto), ha come protagonista A(lberto) e tutto ciò che lo riguarda è eccellenza: A(lberto) è una brava persona, un personaggio interessante, ben scritto, profondo, ricco di sfumature. Persino l'attore che lo interpreta è in odore di premio Oscar. B(arbara) invece è poco più di una semplice comparsa, è un personaggio negativo, poco approfondito ed è interpretato da un'attrice a dir poco dilettante.
Per B(arbara) invece, le cose stanno esattamente all'opposto: B(arbara) è quanto di meglio la cinematografia mondiale abbia mai prodotto e A(lberto) una semplice macchietta.
Il titolo stesso del film sarà, magari, per A(lberto): *Il grande Alberto e la povera Barbara*. Mentre il sottotitolo sarà per B(arbara): *La storia della bellissima Barbara e di come riuscì a salvare il mondo dal grande pericolo del mostruoso Alberto*.
Prima di iniziare ricordatevi due cose importanti:

1) non è possibile negare una cosa quando è stata detta. Per esempio, se A dice per primo il titolo, questo diventa ufficiale e deve restare uguale fino al termine dell'improvvisazione;
2) non si può rivolgersi direttamente al compagno/avversario di improvvisazione ma sempre e solo al pubblico.

Esempio:
A: «Ho visto un bellissimo film ieri, si intitolava *Il grande Alberto...*».
B: «...*e la bellissima Barbara!* Il manifesto era molto suggestivo, si vede in primo piano la protagonista, Barbara...».
A: «...accasciata a terra ai piedi del grande Alberto, l'imperatore del mondo. Il film inizia subito con una bella immagine del grande Alberto alle prese...».
B: «...con un terribile attacco di dissenteria, inconveniente che si porterà dietro per tutto il film. La bellissima Barbara, abitatrice dei boschi, nel frattempo sta cantando dolcissime canzoni, quando di colpo...».
A: «...muore. Lasciando a metà la canzone che stava cantando. Per tutto il resto del film essa sarà un fantasma...».
B: «...benigno e grazioso, un angelo dorato che aiuta i viandanti...».
Ecc...

II Parte: Presentazione
Ora che ci siamo riscaldati, passiamo alla seconda parte. A e B adesso sono due presentatori. Di lì a poco essi avranno infatti il compito di condurre una serata: una premiazione, una conferenza, un concorso,

una gara cinofila ecc... Per ora, il loro compito è semplicemente quello di presentare se stessi e introdurre la serata. Uno e l'altro sono all'apparenza molto collaborativi, poiché risulta evidente quanto entrambi abbiano a cuore la buona riuscita della stessa.
La realtà però è un'altra: tra di loro c'è una fortissima rivalità che si palesa in ogni momento della comune performance. Ognuno dei due fa di tutto per apparire migliore e più importante, cercando, nello stesso tempo, di sminuire l'altro in ogni momento.
Nessuno dei due vuole (e neppure può) negare ciò che l'altro afferma ma, interrompendosi al momento giusto e rubandosi letteralmente le parole di bocca, entrambi cercano in tutti i modi di autoincensarsi anche attraverso la ricollocazione delle parole dell'altro.
Esempio:
A: «Signore e signori buonasera e benvenuti a questa splendida serata...».
B: «...siamo felici di essere qui con voi, io e il mio aiutante A, per condurvi attraverso la storia della canzone italiana...».
A: «Ma certo B, questa sera infatti ascolteremo le migliori canzoni del bel paese, da quelle più vecchie e obsolete (rivolgendosi con un sorriso a B) quelle della tua epoca...».
B: «...a quelle più nuove e semplici (ricambiando il sorriso di A) per giovani e inesperti».
A: «Come darti torto B; del resto la tua età, oltre a qualche capello bianco, che ti rende autorevole, ti ha certo lasciato qualche esperienza».
B: «Ti ringrazio per il complimento A, giustamente espresso con simpatica ingenuità...».
Ecc...
L'esercizio proposto ha come protagonisti due presentatori che, cercando di non darlo a vedere, si attaccano contraddicendosi continuamente. La stessa tecnica è molto utilizzata nella commedia quando un primo personaggio tenta disperatamente, senza che il pubblico o un interlocutore se ne accorga, di coprire l'inadeguatezza (più o meno consapevole) di un secondo personaggio, sfruttando ogni uscita incongrua di quest'ultimo a vantaggio proprio o della situazione. Il caso più estremo dell'utilizzo di questo meccanismo si può trovare nel film *Weekend con il morto*[19], dove l'inadeguatezza del personaggio protagonista (il morto) è pressoché totale {☞ **Weekend con il morto**}.

✦ Stratagemma XIX: livelli di uditorio in scena
Cercate di mettere a punto uno sketch a due o più persone, una sem-

---

[19] Film del 1989 diretto da Ted Kotcheff.

Il linguaggio comico in azione

plice storia con premessa, inizio, sviluppo, conclusione e morale. Dopo averlo allestito, provate a metterlo in scena rispettando, uno dopo l'altro, tutti i livelli di coinvolgimento.

In ogni livello darete il massimo di concentrazione e impegno: ai primi due livelli sarà un'*interpretazione interiorizzata*, al terzo, quarto e quinto siete nella dimensione teatrale ma solo al sesto e al settimo livello potrete infrangere la quarta parete.

- Nel *primo livello* realizzate la scena come foste non in presenza del pubblico, anzi, neppure su un palcoscenico, quindi senza rispettare la minima regola teatrale. Potete anche agire come se steste semplicemente allenando la memoria, ogni attore per sé, limitandovi ad accennare i movimenti senza portarli a termine.
- Con il *secondo livello* rifate la medesima scena, questa volta coscienti di poter essere visti. Siete ancora in prova ma ora volete fare le cose un po' meglio, eseguendo quasi tutti i movimenti e dicendo quasi tutte le battute.
- Al *terzo livello* siete di fronte al regista, perciò proponete lo stesso sketch ma realizzato a regola d'arte, con tutte le battute, i movimenti completi e il rispetto delle parti, dei movimenti, delle posizioni e di tutte le regole di comunicazione teatrale.
- Con il *quarto livello* siete sul palco, alla prova generale, quindi, oltre ai costumi, ai movimenti e alle battute, dovete metterci emozione ed energia per dare vita al vostro personaggio e all'intero sketch.
- Nel *quinto livello* siete alla prima, di fronte a un pubblico silenzioso e attento. L'obiettivo è realizzare tutto al meglio, la recitazione è precisa, l'interpretazione intensa.
- Il *sesto livello* è una replica, nella piazza del paese, e di fronte a voi c'è un pubblico scarso, rumoroso e poco attento. Tutti i vostri sforzi sono tesi a capire gli umori del pubblico, a prendere la sua attenzione e a stabilire con esso la massima sintonia. Potete dare largo spazio all'improvvisazione: tagliare battute e aggiungerne altre, velocizzare o saltare alcune parti, alzare la voce, ampliare e drammatizzare i movimenti. Nello stesso tempo cercando però di mantenere il senso e la forma dello sketch.
- Al *settimo livello* tutto diventa coinvolgimento e collaborazione tra voi e il pubblico. Potete provocare l'uditorio e rispondere alle sue provocazioni, potete scendere in platea oppure chiamare le persone sul palcoscenico e improvvisare con loro. Ogni barriera tra attore e pubblico è infranta. Cercate di raggiungere, anche solo per un momento, la felice situazione di cui parlavamo prima, in cui non esiste più differenza tra chi agisce e chi fruisce, in cui chiunque sia presente (attore o pubblico) può generare comicità, in qualsiasi momento.

Conclusione

INTERPRETARE LA COMICITÀ

DUE PAROLE SUL PERSONAGGIO COMICO

Odio quei maleducati che continuano a parlare
... mentre li interrompo.
Arturo Di Tullio

Dedichiamo la parte finale di questo manuale al vero protagonista di tutto ciò di cui abbiamo parlato. All'interprete, al soggetto attivo: il personaggio comico.
Ne parliamo alla fine perché se è sul personaggio comico che tutto converge, ed è lui che vediamo agire in scena, non è da esso che tutto parte. Prima di essere protagonisti e interpreti della propria comicità in scena, bisogna innanzi tutto avere imparato a crearla.
L'errore più grossolano che possiamo compiere è quello di seguire dei cliché, agendo in un modo che a noi può sembrare buffo solo perché lo abbiamo visto fare ad altri comici. Questo vuol dire badare più all'aspetto esteriore del nostro agire comico senza prima aver costruito una nostra solida identità umoristica interiore.
A caratterizzarci come comici, infatti, non è solo la capacità di far ridere ma l'arte di dimostrare al pubblico la nostra capacità di ridere di ciò di cui si sta parlando e di convincerlo a fare la stessa cosa. In altre parole, l'arte di convincere il pubblico a vedere le cose dal nostro stesso punto di vista.
Un comico ha come principale obiettivo quello di far ridere. E non può raggiungerlo semplicemente chiedendo al pubblico di ridere: deve dargli un buon motivo per farlo.
Dale Carnegie – scrittore e insegnante statunitense, antesignano della formazione per lo sviluppo delle risorse personali – sostiene che: «C'è un solo modo per ottenere da qualcuno quello che vogliamo: [...] fare in modo che l'altra persona voglia quello che vogliamo noi. È l'unico sistema».
Ebbene, parafrasando le sue parole, possiamo allora dire che *c'è un solo modo per far sì che il pubblico rida per ciò che facciamo o diciamo,*

Interpretare la comicità

un solo unico modo: fare in modo che trovi divertente quello che troviamo divertente noi.
Ogni mezzo è lecito, ogni trucco, ogni trasformazione fisica, ogni movimento, ogni parola, ogni espressione, ogni difetto palesato, ogni incongruenza portata alla luce, ogni errore sottolineato, ogni inadeguatezza dell'essere e dell'agire.
Ma se le possibilità sono così tante e diverse tra loro, com'è possibile studiare tecniche standard per inventare un personaggio comico, come possono esistere regole precise che lo definiscono e lo fanno agire? Insomma, in che modo ci si può preparare a rappresentare in scena l'umorismo che intendiamo esprimere?
Come abbiamo visto, la preparazione interiore fondamentale che regola una buona interpretazione è la stessa per un attore comico come per un attore drammatico. Se per quello è importante provare con sincerità i sentimenti e le passioni che danno vita al proprio personaggio (trovando i corrispettivi nel proprio intimo trascorso), per questo è fondamentale riviverne, con altrettanta sincerità, le medesime intuizioni umoristiche.
Il problema sta da qui in poi. Perché se prepararsi interiormente significa imparare a ridere e a far ridere chi ci osserva e ci ascolta, prepararsi esteriormente significa predisporre il nostro corpo, il nostro vòlto e la nostra voce ad adempiere a questo compito.
Per capire meglio ciò di cui stiamo parlando rifacciamoci un'ultima volta a Stanislavskij. Nel suo *Il lavoro dell'attore su se stesso*, egli individua tra i passaggi fondamentali quello *di perfezionare il proprio apparato fisico in tutti i suoi aspetti*, per essere in grado di rappresentare al meglio le sensazioni interiori. Ma, avvisa, rendere il corpo dell'attore robusto e potente non deve portare a nessuna deformazione esagerata. Deve correggere, non deformare: si devono correggere i difetti e mantenere le parti già proporzionate. In questo caso, continua Stanislavskij, possono essere utili la ginnastica e la danza, per donare all'attore quello che egli chiama *il senso del movimento*.
Allo stesso modo, e con eguale rigore, suggerisce poi di dedicarsi all'allenamento della voce e all'educazione dell'apparato respiratorio e vocale, anche attraverso il canto.
Inoltre impone all'attore una *dizione* perfetta, un modo di parlare corretto e armonioso, un utilizzo sapiente delle pause e un'intonazione colorata e ricca di forza.
Regole ferree e suggerimenti ottimi per un attore drammatico, intento a dar voce e corpo a un personaggio drammatico. Ma, se ci pensiamo bene, un personaggio comico è pienamente compiuto quando trasgredisce a una o a tutte queste regole.

Il personaggio comico, per sua natura, deve, il più delle volte, tendere all'esagerazione, se non alla deformazione fisica. Il senso del movimento per lui è meno importante di quello dell'umorismo. La sua voce è spesso cacofonica, caricaturale, spesso troppo bassa o troppo acuta e la sua dizione è imperfetta perché sovente indulge a cadenze anomale o a inflessioni dialettali.

IL CORPO TRASFORMA LA MENTE MA IL PENSIERO TRASFORMA L'AZIONE

Ieri ho fatto cilecca.
Sarà perché eravamo nel letto dei suoi genitori...
... o forse ero nervoso perché c'era suo padre che continuava a fissarmi.
Giovanni D'Angella

Come può quindi, un attore comico attenersi rigidamente a regole di preparazione e a tecniche precise che poi deve inevitabilmente infrangere in modo naturale?
Lo vedremo in una prossima pubblicazione, affrontando il metodo (o, meglio, i metodi) utili alla creazione del personaggio comico. E lo faremo "in punta di piedi", consci del fatto che analizzare un comico troppo da vicino significa spesso de-potenziarne l'efficacia.
Molto faranno, anche in questo caso, le tecniche, ma il più lo farà la vostra voglia di imparare senza partire da condizionamenti mentali. Nel percorso di creazione del vostro personaggio comico cercate di non voler arrivare subito al dunque, cioè a voler far ridere a tutti i costi: questo sarà un risultato che deve scaturire da solo, la maggior parte delle volte sorprendendo anche voi stessi.
Il comico e cantautore scozzese Billy Connolly, uno dei più grandi performer comici in lingua inglese degli ultimi cinquant'anni, ebbe modo di dire: «Non ne so molto di comicità, mi piace solo essere lì quando si manifesta».
Et voilà, eccoci a un fondamentale punto di partenza nell'arte di creare un proprio personaggio comico: predisporre noi stessi ad accogliere la comicità che sorge spontanea nell'allineamento umoristico tra attore e spettatore.
La fase di preparazione e di ampliamento del nostro pensiero umoristico sarà la vera palestra per modellare il nostro volto, la voce, il nostro stesso corpo, per orientare il nostro punto di vista e per calibrare le parole, i gesti e le espressioni che useremo per esprimerlo.
Ci piacciono le parole dello scrittore trentino Mauro Corona, a proposito della montagna: «La montagna ci muove, ci modifica, ci obbliga a mosse mai fatte».

Analogamente possiamo dire dell'umorismo. Attraverso gli esercizi illustrati in questo manuale, gli stratagemmi compulsivi con i quali ci si può allenare, *l'umorismo stesso, se lo lasciamo agire, ci muove e, obbligandoci a mosse mai fatte, ci modifica.*

Ciò che lo stratagemma comico, nel suo agire, farà di noi, il modo in cui darà forma al nostro corpo e al nostro volto e colore alle nostre parole e ai nostri gesti, non saremo noi a deciderlo.

Potremo solo classificarlo, fissarlo e governarlo a posteriori, per rendere più efficace il nostro messaggio e più fluido il nostro agire.

Non aspettatevi miracoli nell'applicare queste tecniche almeno nella misura in cui non ce li aspettiamo noi che ve le proponiamo. Sappiamo benissimo che l'apprendimento è un processo attivo, per questo motivo abbiamo fatto nostra la massima di George Bernard Shaw: «Se si insegna qualcosa a uno, non l'imparerà mai». Voi invece, da parte vostra, rifatevi a quella di Galileo Galilei: «Non si può insegnare niente, si può solo far sì che uno le cose le trovi in se stesso».

E proprio a questo serve la formazione, il metodo, la tecnica, non a modificare il proprio DNA (per tornare alle parole di Greg) ma a scoprire, sviluppare, coltivare e sfruttare al meglio le caratteristiche che ci sono già proprie in potenza. E ridere e far ridere sono due caratteristiche tipiche di ogni essere umano.

Ecco, il vostro personaggio comico lo potrete trovare solo al vostro interno. Sappiate che alla base del lavoro resta la voglia di ridere di tutto, a cominciare proprio da voi stessi.

Appendice

INTERVISTE A MAURIZIO LASTRICO, LILLO E GREG, ANTONIO REZZA E FLAVIA MASTRELLA

MAURIZIO LASTRICO

D: *Iniziamo con una domanda difficile, perché è da questa che prende spunto il libro: comici si nasce o si diventa?*
Maurizio: Comici si diventa proprio malgrado, ci si accorge che alcuni dei nostri comportamenti o pensieri suscitano ilarità. Se si rimane affascinati dal potere magico di suscitare emozioni negli altri si avvia un circolo virtuoso che può portare a farne una professione. Penso che in mezzo ci sia anche qualche trauma infantile o un po' di carenza di affetto, ho sentito una volta dire che il comico sublima la voglia di ammazzare tutti facendoli ridere.

D: *La tua è una formazione rigorosamente drammatica ma riesci a passare con disinvoltura anche al cabaret. Qual è la differenza o quali sono le differenze fondamentali tra il teatro (in questo caso comico) e il cabaret?*
Maurizio: Le differenze non dovrebbero esserci, per consuetudine si tende a pensare al cabaret come a un fratello sfigato e punkabbestia del teatro. In realtà se le regole del teatro si applicano in una piazza o in un locale la loro efficacia rimane intatta. È importante che la tecnica teatrale non sia esibita fine a se stessa, ma che sia un mezzo per tirare fuori con maggiore efficacia la propria follia e le proprie minchiate. Il cabaret è libertà non anarchia.

D: *In questo senso, quali sono state le tue principali fonti di ispirazione?*
Maurizio: Amo i luoghi comuni e la presa in giro del linguaggio. I miei riferimenti in questo sono Elio, Rocco Tanica, la Gialappa's e Corrado Guzzanti.

D: *A differenza di Guzzanti, però, tu non hai mai creato personaggi e neppure ti sei misurato con la satira politica.*
Maurizio: Mi sento più incline a fare delle performance sulla narrazione dove sono io che divento vari personaggi, piuttosto che entrare in scena con le sembianze di un altro; non so, ho provato, ma non mi sentivo così a mio agio, anche quando riesco a rubare l'anima di qualche persona imi-

tandola ho poi difficoltà a sviluppare questa scintilla per farla diventare un personaggio, probabilmente dovrei fare la presa in giro di un comico che prova a fare un personaggio.
Per quanto riguarda la satira politica, ritengo che sia meglio lasciarla fare a chi la sa fare, non sento una spinta verso quell'argomento così forte e travolgente rispetto ai comportamenti umani e alla realtà quotidiana. Oltre alla mia pigrizia nel seguire gli eventi politici, penso concorra il fatto che quel tipo di eventi ci vengono narrati in maniera talmente faziosa e vaga da farli assomigliare poco alla realtà, e quindi renderli non affascinanti (almeno per me).

D: *Sai esattamente quando e dove riderà il pubblico, oppure riesce ancora a sorprenderti?*
Maurizio: La cosa che dà più godimento è la risata in un punto non previsto. In quell'attimo di sorpresa diventi spettatore di te stesso, e hai il conforto che ciò che sei funziona più della tua razionalità.

D: *Come nasce quindi un tuo pezzo comico? Puoi dirci quale metodo utilizzi, con chi scrivi, chi ti aiuta nella regia?*
Maurizio: Guarda, il "ciclo produttivo" per far funzionare un mio pezzo di solito si sviluppa in questo modo:
FASE 1: Belin, che bella idea!
Una piccola suggestione con dentro già un casino di sfumature non ancora esprimibile si fa largo tra i pensieri delle bollette e i discorsi serissimi che ti sta facendo la tua fidanzata; quella scintilla muove le tue labbra senza sonoro, che iniziano a masticare quell'embrione.
FASE 2: Ditemi che sono un genio.
Congedati la fidanzata e i pensieri superflui di questo mondo merdoso, si cammina verso casa per strade larghe, immaginando già il pubblico più stronzo ed esigente d'Italia che si congratulerà per la tua brillante idea. A questo punto l'animo insicuro dell'artista tormentato ha bisogno di esternare il suo brevetto: si telefona ai collaboratori, che in maniera deliziosa ti dicono che è una figata. La diga ha tracimato: una signora anziana chiede una foto con sua nipote: «Ci sei quest'anno in televisione?».
«Sì, signora, sto studiando cose nuove…»
… e lei diventa la prima spettatrice dell'abbozzo di quell'intuizione.
FASE 3: Ma non è che la fa già Baz?
Una volta appurato che nessun comico ugandese ha postato un video con quell'idea, si inizia a scrivere con i collaboratori: due poveri cristi che combattono con la pigrizia e la pignoleria insicura del comico. Il pezzo viene scritto in una giornata, e una volta provato in un laboratorio genovese verrà riscritto circa dodici volte.
FASE 4: Non capite un cazzo tutti.
Non va non va, mancano due giorni alla registrazione e si ha la profonda convinzione che i due collaboratori abbiano snaturato la propria arte. Ci si chiude in casa da soli, e si riscrive la prima versione elaborata con loro, illudendosi di averla reinventata.

LILLO E GREG

D: *Premesso che rispondi anche a nome di Lillo, rieccoci qua Greg! Dopo averti scomodato per la prefazione, mi pare giusto rivolgermi di nuovo a te (a bonifico non ancora avvenuto) anche per chiudere in bellezza questo manuale, che i lettori avranno trovato oltremodo interessante e utile. Vero?*
Greg: Non ne dubito.

D: *Ecco, appunto... allora ti chiedo: comici si nasce o si diventa? In altre parole, pensi sia possibile imparare a essere comici oppure è una dote innata?*
Greg: Al lemma "arte" il dizionario spiega: «Attività individuale o collettiva, da cui nascono prodotti culturali o comportamenti, che sono oggetto di giudizi estetici, reazioni di gusto e simili e il risultato di questa attività». Altrove si legge: «L'arte, nel suo significato più ampio, comprende ogni attività umana – svolta singolarmente o collettivamente – che porta a forme creative di espressione estetica, poggiando su accorgimenti tecnici, abilità innate e norme comportamentali derivanti dallo studio e dall'esperienza [...] strettamente connessa alla capacità di trasmettere emozioni e "messaggi" soggettivi». Tuttavia non esiste un unico linguaggio artistico e neppure un unico codice inequivocabile di interpretazione.
Ritengo che il senso dell'umorismo rientri di diritto in una delle varie manifestazioni dell'Arte. Quindi si tratta di dote innata che deve, necessariamente, essere affinata con l'esperienza e la continua, indefessa applicazione. È però possibile insegnarne l'abc, lasciando individuare al discente le regole fondamentali e gli sviluppi, proprio come si insegna all'allievo di pittura quali sono i colori primari e come, miscelandoli tra loro, si possano ottenere i secondari. In base alle precipue capacità, sensibilità, cultura e predisposizione, lo studente potrà mettere a frutto gli insegnamenti e migliorare, seppur in un iter di mera tecnica.

D: *Bene... Ma parliamo un po' di voi. Certamente il lettore accorto saprà già dei vostri trascorsi: tu e Lillo siete partiti dai fumetti, poi vi siete dati alla musica, quindi avete fatto teatro, televisione, radio, infine cinema. Ma voi, in realtà, chi siete? Da dove venite? Come avete iniziato? Con quali ispirazioni, quali punti di riferimento?*
Greg: Mio padre era un pittore, a dispetto d'un mai digerito lavoro impiegatizio. Pescare dal DNA e ammirarlo all'opera fu quindi un tutt'uno. Inoltre era grande appassionato di musica, il che rese la mia infanzia l'habitat ideale per una formazione artistica. Il disegno fu la mia prima forma di espressione in tal senso, sebbene a poca distanza iniziassi ad abbracciare la paterna chitarra. A latere di ciò si manifestò in me una naturale predisposizione al lato comico della vita, mercé il fertile humus televisivo di quegli anni; le trasmissioni elargivano generose razioni di Cochi e Renato, Walter Chiari, Panelli e Valori, Felice Andreasi, mentre la programmazione dei film prevedeva abbondanti dosi di Jerry Lewis, Danny Kaye, Stanlio e Ollio e Matthau e Lemmon. In breve mi accorsi che la mia propensione all'umorismo diveniva via via prepotente e dirottava

in tale direzione i miei disegni e le mie prime, rudimentali composizioni alla chitarra. Più tardi, di fronte al bivio, scelsi la carriera fumettistica e qui entra Moira, il fato, che mi fece conoscere Lillo. Dopo una frequentazione di semplice amicizia, ci fu proposto di occuparci di una nascente testata comico-demenziale, ma la casa editrice fallì prima che il parto avesse seguito. Ci ritrovammo in mezzo a una strada, però gonfi di idee divertenti. Decidemmo di riversarle nella formazione di un gruppo musicale comico: Latte e i Suoi Derivati.

D: *Si può dire che la vostra sia satira sociale. Cosa ne pensi invece della satira politica? Ti interessa? Avete mai provato a farne?*
Greg: La perfetta alchimia nata tra Lillo e me è assolutamente spontanea, generata da grandi affinità elettive e dall'identica fruizione del senso dell'umorismo, specialmente quello ebraico-americano, più incline a quello di situazione, a volte cinico, altre surreale. Ci diverte oltremodo stigmatizzare le debolezze umane, le meschinità dell'animo umano e la grettezza dei comportamenti quotidiani. Questo ci ha sempre tenuti lontani dal terreno di una satira politica, più immediata e povera. Prendiamo in esame l'esempio italico: Il *modus operandi* di un nostro politico è il frutto del comportamento di un italiano, pregno di quei difetti di cui ogni connazionale è pregno. Prendere in giro lui è facile e scontato, conquista biecamente il pubblico e non contribuisce per niente all'ipotetica, sovversiva apertura degli occhi. A meno che il potere del politico non sia stato frutto di un golpe, sarà bene che la fustigata sia diretta a coloro che lì lo hanno piazzato con i propri voti.

Infine se, come ho scritto all'inizio, l'umorismo è espressione dell'arte, come l'arte deve rifuggire da vincoli politici che ne snaturano l'essenza. Basti pensare alle sfortunate opere della cosiddetta "arte di stato".

D: *Mentre create, producete, scrivete, avete sempre un occhio di riguardo verso il pubblico oppure vi sentite liberi di inventare senza porvi limiti di comprensibilità e di fruizione?*
Greg: Ho bisogno di un lungo esempio. Immaginate di avere un caro amico che colleziona francobolli e… sì, va bene, ho capito, ma sforzatevi di immaginarlo anche piacevole e simpatico. Allora, dicevo, è il suo compleanno e volete fargli un regalo.
La cosa più ovvia, semplice e sicura è donargli dei francobolli o una lente di ingrandimento oppure una pinzetta o un rilegatore. Senz'altro gli fareste cosa gradita, ma non ci sarebbe nulla di vostro e niente lo ricondurrà a voi quando si ritroverà, magari dopo anni, il vostro regalo tra le mani. Immaginate, invece, di trovare una lampada particolare; vi piace, vi mette allegria e vi ricorda qualcosa della vostra infanzia, forse, non lo sapete esattamente, ma siete sicuri che piacerebbe anche al vostro amico e che starebbe d'incanto sul suo tavolino.
Questo è un regalo meno scientifico, ma se è fatto con il cosiddetto *sentimento* è infallibile e il vostro amico, ogni volta che accenderà la sua lampada, penserà a voi con affetto.

Per noi il pubblico, sia detto senza retorica, è un caro amico e come un amico va trattato. Non lo si deve mai deludere o peggio, tradire; non gli si possono ammannire avanzi, scarti o prodotti cinesi. Con questo presupposto di partenza creiamo in assoluta libertà, perché sappiamo che è il nostro pubblico, e ride e si diverte con le cose che divertono noi; quindi l'unica nostra preoccupazione è quella di essere noi a ridere per primi. Poi lui riderà. E pure l'amico coi francobolli.

D: *Fate perciò affidamento sul fatto che i vostri gusti siano sempre gli stessi del vostro pubblico?*
Greg: Esistono delle eccezioni, certamente. La figura del comico è vista con un misto di ammirazione, invidia, sospetto, sufficienza. L'uomo *normale* guarda al comico come fosse un esperimento scientifico di dubbia riuscita. Come, ai tempi, ammirava la donna barbuta nei circhi chiedendosi: sarà vera? È un trucco? È una poveretta? Una truffatrice? Chissà! Ad ogni modo torniamocene a casa e lasciamoci queste cose alle spalle.
E il comico è simile. "Ah! Ah! Mi hai fatto ridere – pensa l'uomo *normale* – ma ora torno alle mie cose serie".
Questo atteggiamento porta a un approccio viziato e assai bislacco. Quando il comico dice una cosa, c'è sempre il sospetto che sia una battuta, perché con i comici non ci si capisce mai nulla, "sono mezzi matti". Allora, nel dubbio, si ride. Specialmente se il comico dispone anche di una fisicità, diciamo, buffa. A tutto questo aggiungiamo l'umorismo surreale, meno frequentato e più sibillino e il risultato è proprio che a volte arrivino risate nei momenti meno azzeccati. Può anche verificarsi il caso contrario, cioè che una battuta o una situazione che noi troviamo irresistibile trovi l'indifferenza più assoluta. In questo caso le scelte sono due: o la si cassa o la si difende stoicamente confidando in generazioni future.

D: *Che spazio ha l'improvvisazione per la preparazione dei vostri pezzi comici?*
Greg: Uno chef non improvvisa nelle sue creazioni. Così come non improvvisano gli stilisti, i pittori, gli scultori e i musicisti. Ognuno parte da una scintilla, un'idea, una suggestione, ma poi c'è tanto lavoro e studio. Questo vale anche per un comico. È indiscusso che un professionista debba avere intrinseca la capacità di poter improvvisare, all'uopo, ma tutto parte da un solido scritto, ponderato e dettagliato.

D: *Quindi, come nasce un vostro sketch?*
Greg: Sia Lillo che io proveniamo dal mondo dei fumetti. Questo ci ha insegnato a visualizzare per bene la sequenza di una gag, in una sorta di lay-out naturale, fornendoci una capacità di sintesi che aiuta notevolmente la costruzione di uno sketch. Possiamo dire che la regia nasca contestualmente all'idea e si sviluppi con essa.
Come nasca un'idea è di difficile esplicazione. Banalmente si può dire che sorga dall'osservazione del mondo che ci circonda e dalle emo-

zioni stimolate dagli accadimenti quotidiani. Ogni causa produce un effetto; talvolta esiste un effetto un po' nascosto che, osservato da un diverso punto di vista, può determinare una lettura umoristica e spiazzante. Il comico allenato dovrebbe avere sempre la capacità di notarlo, valutarlo e rielaborarlo a seconda della propria esperienza e del gusto personale.

D: *C'è qualcosa o qualcuno in particolare che vi fa ridere? Intendo dire, sia nella vita reale, nelle situazioni, nelle persone, sia in artisti, attori, autori, performer italiani o stranieri, del presente o del passato.*
Greg: Il nostro tipo di umorismo è, come già accennato, di tipo surreale. Ci piace ritenerci i naturali prosecutori, in chiave moderna, della comicità del passato. L'ispirazione arriva da un lato direttamente dalla fruizione di grandi artisti italiani del passato, come Petrolini, Sordi, Tognazzi e Vianello, Fabrizi, il Teatro dei Gobbi, Cochi e Renato, Andreasi, Valdi, Panelli e Valori e i Giancattivi. Dall'altro lato c'è la fortissima influenza della comicità americana, specialmente di stampo ebraico; quindi Groucho Marx, Stanlio e Ollio, Jerry Lewis, Bob Hope, Danny Kaye, Red Skelton, Walter Matthau e Jack Lemmon, Mel Brooks, Woody Allen, Abrahams e Zucker. L'amalgama che ne consegue è un umorismo senza precisi riferimenti geografici o temporali e proprio in questo trova la sua attualità.

D: *Come conoscitori della comicità di epoche passate e come testimoni e protagonisti della comicità italiana negli ultimi anni, vi siete mai chiesti quale può essere il futuro della comicità? Perché e per cosa si riderà probabilmente nei prossimi anni?*
Greg: Finché l'essere umano sarà fatto di carne, ossa e sangue, la sua fruizione dell'esterno sarà la medesima di sempre. Avrà sempre fame e sete, nascerà e perirà, si commuoverà per le stesse cose e per le stesse cose riderà. Sempre secondo la propria evoluzione personale. Le storie che si raccontano sono identiche dall'alba dell'uomo; dipende da come le si racconta. Una storia d'amore può essere struggente, romantica, comica, drammatica o noiosa. L'umorismo non cambia, sono i gusti che si adattano. Si può abituare una persona a cibarsi di prodotti meno buoni, se le sono tolti quelli migliori. L'oblio di questi e l'istinto di conservazione la porteranno, col tempo, a sopravvalutare il prodotto inferiore. Lo stesso accade con la comicità. Oggi la maggior parte della proposta umoristica è scadente e il pubblico si è assuefatto.

D: *Vi preoccupate del contenuto di ciò che fate? In altre parole, c'è un messaggio nascosto dietro a ciò che producete oppure il primo vostro obiettivo resta quello di far ridere?*
Greg: Il nostro spirito è devoto al motto "divertirsi per divertire". Il contenuto è per l'appunto *contenuto* nel nostro DNA, in quanto padri dell'idea. È naturale che ci sia e che possa palesarsi, più o meno, nella messa in scena, ma mai sarà lo sprone di partenza. Del resto non si decide di avere prole perché questa porti avanti le nostre dottrine.

Lezioni di comicità

D: *Molto spesso alcune parti integrali dei vostri sketch studiati per la radio diventano pezzi teatrali o televisivi, altre volte inventate soggetti e copioni del tutto teatrali. Con quale dei tre mezzi vi trovate più a vostro agio?*
Greg: Il linguaggio comico è musicale, scandito da precisi tempi, ritmi, pause e cadenze. Non ci si può sottrarre. Qualcuno può averli naturali, altri dovranno lavorarci su, ma la regola aurea non ammette digressioni. Basterà studiare il mezzo a disposizione di volta in volta. La radiofonia ti costringe all'assenza di immagini, ma stimola l'immaginazione del pubblico che contribuisce alla costruzione dei personaggi e della storia. La televisione ti brutalizza con tempi serrati, il teatro ti porta con sé in un mondo in bilico tra realtà e finzione. Ogni mezzo va conosciuto, va smantellato, studiato nei minimi ingranaggi, riassemblato e usato. Perché purtroppo non si ha mai il libretto delle istruzioni.

D: *In un'ideale scala di valori, per la riuscita di un vostro spettacolo cos'è più importante: i testi, la regia, l'interpretazione? Voglio dire, senza la vostra presenza, i vostri testi e le vostre idee registiche manterrebbero la loro efficacia?*
Greg: Ogni nostro spettacolo è concepito come opera corale. Non è mai una commedia con Lillo e Greg e alcuni oscuri comprimari. Anzi, abbiamo in genere l'esigenza di essere affiancati da attori più che in gamba, perché sostenere l'umorismo surreale richiede una gran capacità nell'essere naturali e credibili, altrimenti tutto si sgretola come un castello di sabbia. Io scrivo per raccontare una storia; in seguito scelgo chi meglio potrà interpretarla. Ovviamente so che sicuramente avrò a fianco Lillo, con i suoi pregi e i suoi difetti, dunque lo vesto con panni adeguati, affidandogli ruoli che so potrà portare a livelli eccellenti.
Sono comunque tutti ruoli che può sostenere qualunque buon attore. Infatti, con mio grande orgoglio, non è un caso che le mie commedie e i miei sketch siano stati portati in scena da diverse compagnie, amatoriali e non, in questi anni. Addirittura tradotti in inglese e catalano!

D: *Senti Greg, una volta per tutte... chi di voi è il comico, e chi la spalla?*
Greg: Lillo e io siamo diventati una coppia comica naturalmente e naturalmente si è creata la giusta alchimia. La ripartizione vittima e carnefice si alterna spontaneamente tra di noi, a seconda dell'esigenza del momento. Ovviamente la struttura fisica di Lillo, la sua gestualità e la sua predisposizione a una comicità più corporea e alla *clownerie*, fanno sì che calzi meglio personaggi più popolareschi e sopra le righe, mentre a me spettano quelli più istituzionali e apparentemente seri. Spesso, però, i ruoli si invertono senza danno alcuno all'alchimia.

D: *Alla fine Greg, vogliamo dirlo ai nostri lettori? La storia del bonifico era solo uno scherzo vero?*

ANTONIO REZZA E FLAVIA MASTRELLA

D: *Premesso che rispondi anche a nome di Flavia, ti sorprenderà l'originalità della prima domanda: comici si nasce o si diventa?*
Antonio: Non credo si nasca quasi mai, figurarsi comici, cioè votati a dar da ridere a chi non ce lo ha chiesto; oppure immolati al senso del ridicolo decoro. Sono convinto che in assenza di un dramma, anche autoindotto, non sia possibile esercitare il senso del comico che per me è diabolico, demoniaco, portatore di tragedia e non di falsa spensieratezza come ci hanno fatto credere, in tempi non sospetti, autorevoli giullari sempre al cospetto di qualcuno. Detesto il giullare perché a mezzo servizio tra l'ambizione di non esser ciò che è e il potere che è costretto a riverire. Non approvo la condivisione di un intento.

D: *Infatti, la vostra (tua e di Flavia Mastrella) è una proposta del tutto originale nel panorama teatrale italiano, e unico il vostro modo di provocare il riso nel pubblico. Puoi dirci qualcosa in più della vostra formazione, tra teatro, cabaret e cinema?*
Antonio: Noi veniamo dall'arte contemporanea, non abbiamo niente in comune con il teatro. Facciamo cinema per storicizzare la nostra immagine. Ma la radice è l'arte applicata al movimento. Privo dello spazio di Flavia Mastrella il mio corpo sarebbe un corpo che si danna a vuoto.

D: *Viviamo un periodo in cui va per la maggiore la satira politica. Voi sembrate abbastanza lontani da tutto questo.*
Antonio: La satira politica ha sempre qualche padrone. In una cultura dove gli schieramenti sono equivalenti e falsamente contrapposti, colui che fa la satira è sempre servo di questo o di quell'altro. La satira è quanto di più sbagliato un comico possa fare perché è un'ammissione di servilismo di fronte al codice di turno. Il potere tollera la satira, anzi ne è entusiasta perché amplifica il suo lato oscuro. Chi fa satira, come chi fa impegno civile, si ripulisce l'immagine a forza di false invettive e retrocede nell'accettazione sociale. La satira è ipocrita e ha senso solo in paesi schiettamente totalitari e non in dittature camuffate come quella in cui viviamo. Inoltre la satira perseguitata per progetto editoriale genera censure fasulle e di regime. Il comico censurato è un martire che non ha le palle a sostenere. Come la satira impone: aggressività preordinata senza sbaraglio alcuno.

D: *Quale importanza riveste il pubblico per la preparazione del repertorio?*
Antonio: Mai previsto il pubblico se non come entità energetica. Facciamo prove aperte (quando gli spettacoli non sono ancora nulla) per vedere i corpi degli spettatori che si muovono e non certo per ammirare i cervelli che capiscono. Chi capisce è perduto. E noi il pubblico raramente lo perdiamo. Si perde da sé nei nostri meandri. È una libera scelta di chi vede. È il rispetto di chi si fa vedere.

D: *Ritenete di esservi fatti un'idea precisa di ciò che fa ridere il vostro pubblico?*

Antonio: Certo, sappiamo bene cosa fa ridere il pubblico e come riuscire a farlo ridere… ed è per questo che fuggiamo dalla parte opposta. L'esperienza è il peggior male e conduce dritta alla miseria.

D: *Preferite improvvisare, quindi trasformare in testo le cose migliori oppure partire dal testo scritto e cercare poi di interpretarlo nel modo più efficace?*
Antonio: Mai scritto una parola. Non credo alla scrittura che precede il movimento. Io vivo nell'habitat di Flavia e sono un ingranaggio della nostra perversione. Qui si tratta di passare il tempo e non di guadagnare un po' di più.

D: *Ecco, a proposito degli habitat di Flavia, ai quali dai vita nel corso delle tue performance, sono parte fondamentale del vostro linguaggio scenico, puoi dirci come procedete nell'ideare e realizzare uno spettacolo?*
Antonio: Nasce prima lo spazio e poi il corpo ci va a finire. Il contrario sarebbe teatro o gerarchia. E noi facciamo musica ribelle. Anche a noi stessi.

D: *Che cosa ti fa ridere?*
Antonio: A me fa ridere poco. Non mi piacciono i codici espressivi, la condivisione di un concetto. Lo trovo poco onesto. E "disevoluto". Certo io, nel concepimento di un'idea, mi faccio molto ridere. Sono il mio comico involontario nella nostra ricerca filologica. Mi fa più ridere un'idea che l'affannarsi della vita alla ricerca di un inutile senso. Durante la gestazione, quando provo negli spazi di Flavia Mastrella insieme a Massimo Camilli, io riesco a ridere di me stesso. E questo è il vero privilegio.
Noi lavoriamo per noi, siamo i nostri datori. Figuriamoci se sciupiamo la libidine per andare incontro al compromesso. La mente pura non è un setaccio, non filtra, non è un capostruttura. La mente non è un capo. Se educata a delinquere.

D: *Quali sono state le tue principali fonti di ispirazione? Intendo dire, artisti, attori, autori, performer italiani o stranieri.*
Antonio: Per me il deserto, sono quasi ignorante, non del tutto, e questo è un rimpianto. Faccio dell'ignorare una pratica di vita. Ma non riesco mai completamente perché le relazioni spesso impongono la conoscenza.

D: *E nella vita reale? Pensi si possa ridere di tutto?*
Antonio: Io non rido di quello di cui la gente ride. Non posso rispondere. Non rido dei comici perché li trovo allineati a una linea posturale che porta al fallimento. Non c'è quasi mai cattiveria, c'è sempre una ricerca del buffo, del goffo, dell'impaccio, della sfortuna esistenziale, del complotto, della complicità programmata. Mai un'esagerazione, una deriva nell'insidia. Pochi comici mi fanno ridere e chi ci riesce lo sa. E chi mi fa ridere ha quasi sempre dei problemi di accettazione della realtà. Spesso invece il comico sguazza nel reale e fa del reale la sua fossa. Ho visto tanti grandi attori che facevano ridere svendere il proprio talento in cambio di soldi che non sanno spendere. Ma un altro tasto dolente è che su chi fa

ridere cala spesso il pregiudizio, come se il ridere fosse un atteggiamento inferiore rispetto al pianto o alla riflessione. Molti comici più o meno illustri hanno cercato di trovare una dimensione drammatica perché a volte di far ridere ci si vergogna. Conosco comici che sono diventati attori. E questo non si augura a nessuno.

D: *Generare comicità è uno degli obiettivi principali delle vostre performance? Oppure la comicità che ne scaturisce è un semplice veicolo per far passare idee e contenuti?*
Antonio: Nessun contenuto nelle nostre opere, non ne abbiamo tempo. Mi sono abituato a sentir ridere ed è come una droga cattiva. Irrinunciabile. Ma io so come sottrarmi al metodo e quindi il riso è sempre compulsivo e mai previsto. Sfido io a prevedere una nostra deriva. Andiamo sempre dalla parte che meno conviene. E di questo il pubblico ci è grato.

D: *Oltre al teatro, la vostra arte si è espressa anche nel cinema. Quali sono le differenze e le similitudini tra il mezzo teatrale e quello cinematografico?*
Antonio: Credo che il teatro renda più giustizia alla pelle, tutto qui. Per il cinema c'è tempo. Con le prime infermità riprenderemo a girare film, con le ischemie faremo il montaggio, con la paralisi organizzeremo l'archivio. Insomma siamo organizzati anche in tempo di sventura.

D: *Con* Troppolitani, *utilizzate un linguaggio molto diverso da quello dei vostri spettacoli. Se qui create mondi del tutto personali e assurdi, là lasciate campo libero alla realtà nel suo rappresentarsi, intervallando semplicemente con domande e considerazioni che hanno l'unico scopo di portare in evidenza l'assurdità della vita stessa, osservata nel suo "habitat naturale". Pensi che la comicità sia più efficace quando è colta nel suo scaturire naturalmente oppure quando è ricostruita artificialmente attraverso l'arte teatrale?*
Antonio: La comicità, nel suo procedere naturale, è dirompente solo perché legata a condizioni di spontaneità che non sono riproducibili nel teatro o nel cinema. Sono tecniche differenti tutto qui. Riportare la spontaneità della strada su di un palco o sulla pellicola è un grave errore. Così come rendere scientifico un procedimento fisiologico qual è la vita di tutti i giorni. È sempre una questione di spazio. A ogni spazio la sua perversione. Le nostre interviste non farebbero ridere su un palco perché sembrerebbero precotte. Un nostro spettacolo sarebbe meno efficace sulla strada perché la gente si distrae con se stessa.

D: *Pensi che un vostro spettacolo potrebbe essere, se non ugualmente efficace, almeno dignitosamente rappresentabile se i vostri testi fossero interpretati da altri attori?*
Antonio: Dopo la nostra morte quello che abbiamo fatto verrà interpretato da altri. Con le direttive che daremo noi da morti. Da morti riusciremo lo stesso a farci sentire. Noi, che fieramente non abbiamo mai preso un soldo dallo stato, vogliamo da morti l'appoggio delle istituzioni. Che lo Stato ci faccia ricchi dopo morti. Con il controllo inflessibile dei nostri eredi naturali.

Bibliografia

Woody Allen, *Saperla lunga*, Bompiani, Milano 1973
Matteo Andreone, Rino Cerritelli, *Una risata vi promuoverà*, Rizzoli Etas, Milano 2012
Salvatore Attardo, *Linguistic Theories of Humor*, Mouton de Gruyter, Berlin 1994
Salvatore Attardo, Victor Raskin, *Script Theory Revis(it)ed: Joke Similarity and Joke Representation Model*, International Journal of Humor Research, Oakland (CA) 1991
Gregory Bateson, *L'umorismo nella comunicazione umana*, Raffaello Cortina Editore, Milano 2006
Henri Bergson, *Il Riso*, Laterza, Roma-Bari 1993
John Byrne, *Scrivere testi comici*, Gremese Editore, Roma 2003
Achille Campanile, *Trattato delle barzellette*, Rizzoli, Milano 2001
Achille Campanile, *L'inventore del cavallo*, Rizzoli, Milano 2002
Vincenzo Cerami, *Consigli a un giovane scrittore*, Garzanti, Milano 2002
Alfredo Civita, *Teorie del comico*, Unicopli, Milano 1984
Alberto Dionigi, Gremigni Paola, *Psicologia dell'umorismo*, Carocci, Roma 2010
Umberto Eco, *Il comico e la regola*, in Alfabeta, n. 21, 1981
William Esper, Damon DiMarco, *Lezioni di Recitazione*, Dino Audino Editore, Roma 2008
Gianni Ferrario, *Ridere di cuore*, Tecniche Nuove, Milano 2011
Dario Fo, *Manuale minimo dell'attore*, Giulio Einaudi Editore, Torino 1987
Giovannantonio Forabosco, *Il settimo senso*, Orme Editori, Roma 2012
Sigmund Freud, *Il motto di spirito*, Boringhieri, Torino 1975
William F. Fry, *Una dolce follia*, Raffaello Cortina Editore, Milano 2001
Enrico Giacovelli, *Non ci resta che ridere*, Lindau, Torino 1999
Claudio Gregori, Pasquale Petrolo, *610 (sei uno zero)*, Rai Stereo Due, Roma 2004
Georges Minois, *Storia del riso e della derisione*, Dedalo, Bari 2004
Marina Mizzau, *L'ironia. La contraddizione consentita*, Feltrinelli, Milano 1984
Cesare Molinari, *L'attore e la recitazione*, Laterza, Roma-Bari 1992
Mario Moretti, *Anatomia del riso*, Bulzoni Editore, Roma 2003
John Morreall, *Filosofia dell'umorismo*, Sironi Editore, Milano 2011
Lucie Olbrechts-Tyteca, *Il comico del discorso*, Feltrinelli, Milano 1997
Gene Perret, *The New Comedy Writing Step by Step*, Quill Driver Books, Fresno 2007
Robert R. Provine, *Ridere. Un'indagine scientifica*, Milano, Baldini e Castoldi 2001
Willibald Ruch (a cura di), *The Sense of Humor*, Mouton de Gruyter, Berlin 1998
Alessandro Serena, *Storia del Circo*, Bruno Mondadori, Milano 2008
Konstantin S. Stanislavskij, *Il lavoro dell'attore su se stesso*, Laterza, Roma 2008
Konstantin S. Stanislavskij, *Il lavoro dell'attore su personaggio*, Laterza, Roma 2010
John Vorhaus, *Scrivere il comico*, Dino Audino Editore, Roma 2004
John Vorhaus, *The Comic Toolbox*, Sillman-James Press, Hollywood 1994

Ringraziamenti

Questo libro è firmato da un solo autore (che poi sono io) ma in realtà è frutto di un lavoro di gruppo.
Non è possibile terminarlo quindi senza ringraziare tutti coloro i quali hanno contribuito, in un modo o nell'altro, affinché il progetto vedesse la luce.
La prima persona che voglio ringraziare è senz'altro *Rino Cerritelli*, co-titolare della ricerca e inventore, insieme al sottoscritto, del metodo formativo su cui è incentrato il manuale. Lo ringrazio per i mesi passati a studiare nuove tecniche di insegnamento e per le centinaia di ore di aula servite ad applicarlo.
Ringrazio anche tutti gli allievi passati per le nostre grinfie negli ultimi dieci anni, in particolare quelli che, nell'anno di pubblicazione di questo libro, stanno frequentando il corso avanzato dell'Accademia del Comico e cioè: *Agostino Accardo, Michele Cesario, Matteo Delle Grave, Giorgio Dell'Osta, Marco Di Biase, Luca Donadi* e *Ciro Ficca*. Molti di loro hanno firmato alcune delle battute che compaiono nel libro.
Voglio quindi ringraziare i numerosi artisti-docenti che, nell'ultimo decennio, hanno messo la loro esperienza (attraverso incontri, lezioni, seminari e stage) nei piani didattici di teatro, cabaret, scrittura comica e risoterapia presso l'Accademia del Comico: *Luca Bertucci, Federico Bianco, Fabrizio Canciani, Tiziana Catalano, Eugenio Chiocchi* (che firma anche un intervento nel libro), *Raul Cremona, Alberto Dionigi, Arturo Di Tullio, Gianni Ferrario, Cesare Gallarini, Teo Guadalupi, Marco Guarena, Lillo e Greg, Leonardo Manera, Paolo Migone, Simone Moretto, Fango e Max Morini, Diego Parassole, Gianpiero Perone, Leonardo Poppa, Tony Rucco, Renato Trinca, Dario Vergassola, Cesare Vodani, Henry Zaffa e Claudio Zucca* (che sarà ultimo, in ordine alfabetico, ma resta pur sempre il direttore dell'Accademia).
Non finirò poi mai di ringraziare gli autori delle appendici al libro, preziosi come amici e preziosissimi per ciò che stanno dando all'arte comica in Italia: *Mauri Lastrico* (anche per l'ospitalità estiva nel vecchio rustico di Cavi di Lavagna, insieme a *Giò* e *Ire*), *Antonio Rezza* (la cui amicizia considero tuttora un regalo immeritato) e *Greg* (per le ore passate davanti al Teatro Brancaccio, a discutere su cosa sia la comicità... e se esista davvero).
Ma ringraziati vanno anche *Jusi* e *Dino* per la loro grande capacità di consigliarmi e correggermi per tutto il periodo di stesura del libro.
Ringrazio il satirico *Carlo Amatetti*, eroico promulgatore della satira d'oltreoceano, il geniale *Silvano Tombini Robichon*, che dal Pernambuco continua a ispirarmi, e l'inafferrabile *Enzo Tricarico*, amico vero e grande comico, per l'ospitalità romana.
Un ringraziamento personalizzato lo voglio riservare a *Giorgia* (che poi sarebbe la *Giò* di prima) perché da sempre cosa dirmi, quando e come dirmelo... e perché mi insegna ogni giorno a inseguire i sogni.
Ringrazio anche *la Gianna* e *il Gigi*, che ancora una volta hanno saputo sopportarmi, in quest'ultimo periodo, manco fossi loro figlio.
L'ultimo ringraziamento, infine, è riservato ad *Andrea*, mio nonno materno, per avermi insegnato per primo, tanti anni fa, l'arte di ridere e stimolato la voglia di far ridere.